Kunstführer Markgräflerland

Aufnahmen: Leif Geiges

Text:
Annemarie Heimann-Schwarzweber

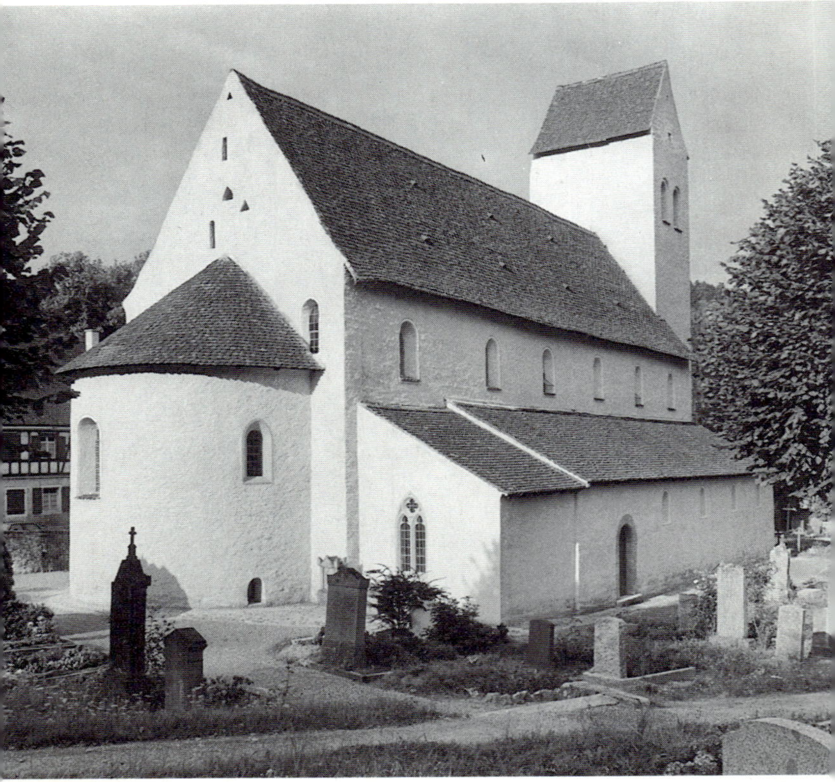

Abb. oben: Die ottonische Klosterkirche St. Cyriak in Sulzburg – ein kunsthistorischer Glanzpunkt des Markgräflerlandes

Der kleine Wegweiser zu historischen Bauten und Kunstwerken im Markgräflerland möchte das Suchen und die Enttäuschung des Gastes ersparen, auf Sehenswürdigkeiten nicht hingewiesen worden zu sein. In diesem beschränkten Rahmen kann Vollständigkeit nicht erstrebt werden. Für genaueres Studium stehen jeweils Ortsbeschreibungen oder Bildbände zur Verfügung – in den meisten Kirchen kleine Führer. Die Grenzen des Markgräflerlandes sind hier weiter gesteckt, als die territoriale Einheit es war. Wir halten es mit dem Wein – der „Markgräfler“ wächst bis Freiburg! Er ist es ja auch, der den Namen bekannt gemacht hat, der von den Landesherren rührt: den Markgrafen von Hachberg-Sausenberg. Entsprechend dieser Nebenrolle in der großen Politik ist hier kein „Kunstzentrum”, es sind kleine Orte zwischen Basel und Freiburg, in denen Kunst zu finden ist. Neben den Markgrafen selbst ist das Kloster St. Blasien als Mäzen aufgetreten, und auch kleinere Ortsherren wie die von Rotberg, Bärenfels, Reichenstein und Baden.

Den Begriff Markgräflerland verbindet der Fremde auch mit Johann Peter Hebel, der als Dichter der alemannischen Sprache bekannt und aus Unkenntnis oft zum Heimatdichter abgestempelt wird. Als Mitglied der ersten Badischen Kammer hatte der Prälat der evangelischen Landeskirche in jenen Jahren der ersten Badischen Verfassung hochpolitische Funktionen auszuüben, die für ihn immer mit sozialem Engagement verbunden waren. „Die größte Weisheit verratet sich in der einfachen und natürlichen Einrichtung der Dinge, und man erkennt sie nicht, eben weil alles so einfach und natürlich ist.” Diese Lebenseinstellung hat Hebel zu dem Philosophen, Erzieher, Theologen – und Dichter gemacht, den alle verstehen. Martin Heidegger sagte über Hebels Sprache: „Die Sprache ins Einfache steigern, dies heißt: alles in den milden Glanz des ruhig klingenden Wortes verwandeln. Dieses veredelnde Sagen kennzeichnet das Dichtertum J. P. Hebels.” Schon Jean Paul hat in seiner Besprechung von Hebels Gedichten „das offene Herz für alles Leben und alles Sein, die offenen Arme der Liebe” empfunden.

Eine Stätte der Erinnerung ist das Geburtshaus Hebels in **Hausen** im Wiesental; es ist als Museum eingerichtet und hat etwas von der Umwelt bewahrt, in der Hebel aufgewachsen ist *(Farbb. rechts)*.

Im Mittelalter war **Schopfheim** die einzige Stadt der Herren von Rötteln und später der Markgrafen von Hachberg – Sausenberg – Rötteln (deren Wappen von 1413 an einem Haus prangt). Davon geben Zeugnis mittelalterliche Straßenzüge um die Michaelskirche herum – mit einzelnen Häusern aus dem 16. Jh. Auch Reste der mittelalterlichen Befestigung sind noch erhalten. Die an den ältesten Teil der Stadt anschließenden klassizistischen und neogotischen Bauten erinnern daran, daß Schopfheim im jungen Großherzogtum Baden Amtsstadt wurde. Den Marktflecken erhob man schon vor 1250 zur Stadt; so ist es nicht verwunderlich, daß die Michaelskirche mehrmals vergrößert wurde und – so wie sie heute steht – die bedeutendste spätmittelalterliche Kirche des Markgräflerlandes ist *(Abb. S. 6)*. – Die älteste Kirche hatte einen Westturm; es wird angenommen, daß der Umbau im 13. Jh. durch Befestigungen und Herrschaftsbauten veranlaßt wurde und mit einem mächtigen Turm im Osten anstelle der Apsis den Bedürfnissen der jungen Stadt besser entsprochen hat. Im 15. Jh. wurde die Kirche nochmal vergrößert. Diesmal blieb der große Chorraum im Turm unberührt. Die Nord- und Westwand im Langhaus, das zuerst ein flaches Dach hatte, wurden hinausgeschoben. Erst unter Rudolf IV. bekam das Kirchenschiff ein Netzgewölbe, das ein architektonisches Meisterwerk ist. Die Schlußsteine werden geschmückt vom Patron der Kirche, St. Michael *(Abb. S. 7)* und vom Wappen Rudolfs. Die Konsole einer Marienfigur mit der Darstellung der Luna *(Abb. S. 7)* läßt ahnen, welch bedeutender Bildhauer in Diensten des Markgrafen stand. Hier wie anderswo im Markgräflerland wurden nach Einführung der Reformation rigoros alle „abgöttisch Bildnis" entfernt, d.h. meistens zerstört. Wandmalereien hatten mehr Überlebenschancen, denn sie wurden einfach überstrichen. Auch in der Michaelskirche hat es noch Wandbilder aus verschiedenen Zeiten. – Hinter der Kirche lädt das sehenswerte kleine Heimatmuseum ein mit beachtlichen Beständen aus Schopfheimer Patrizierwohnungen.

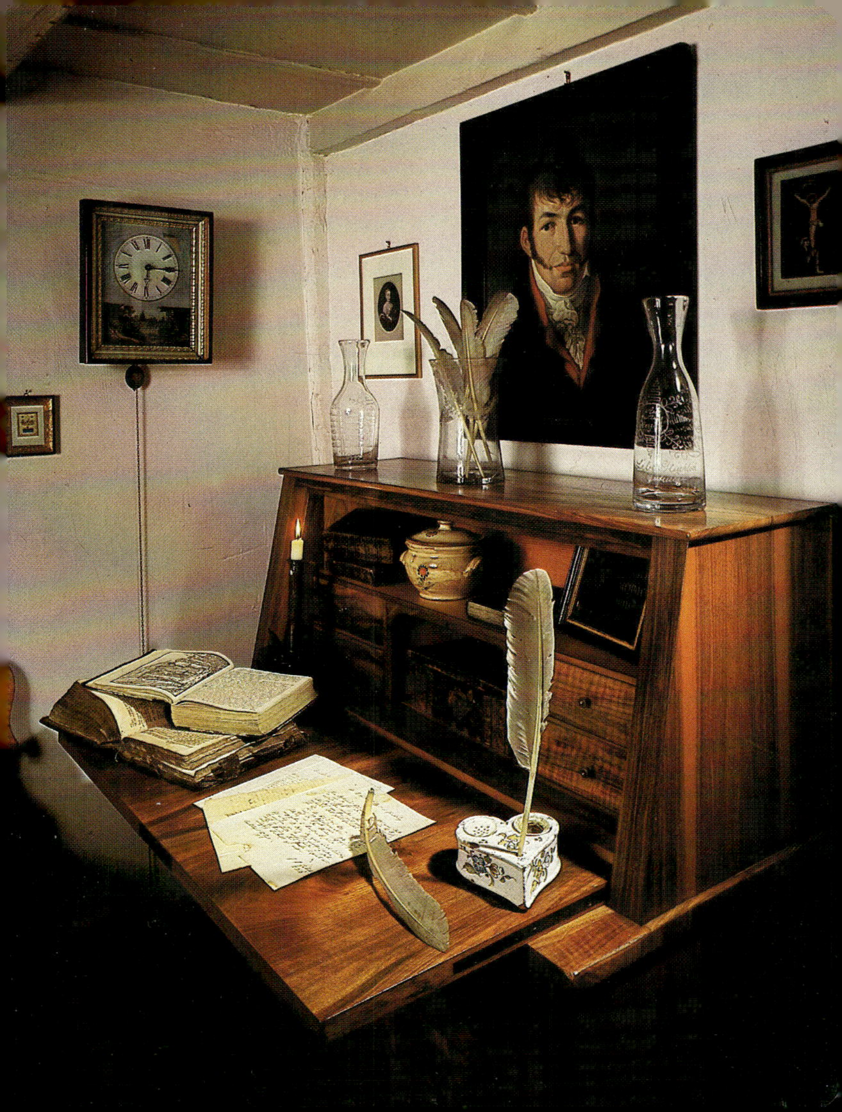

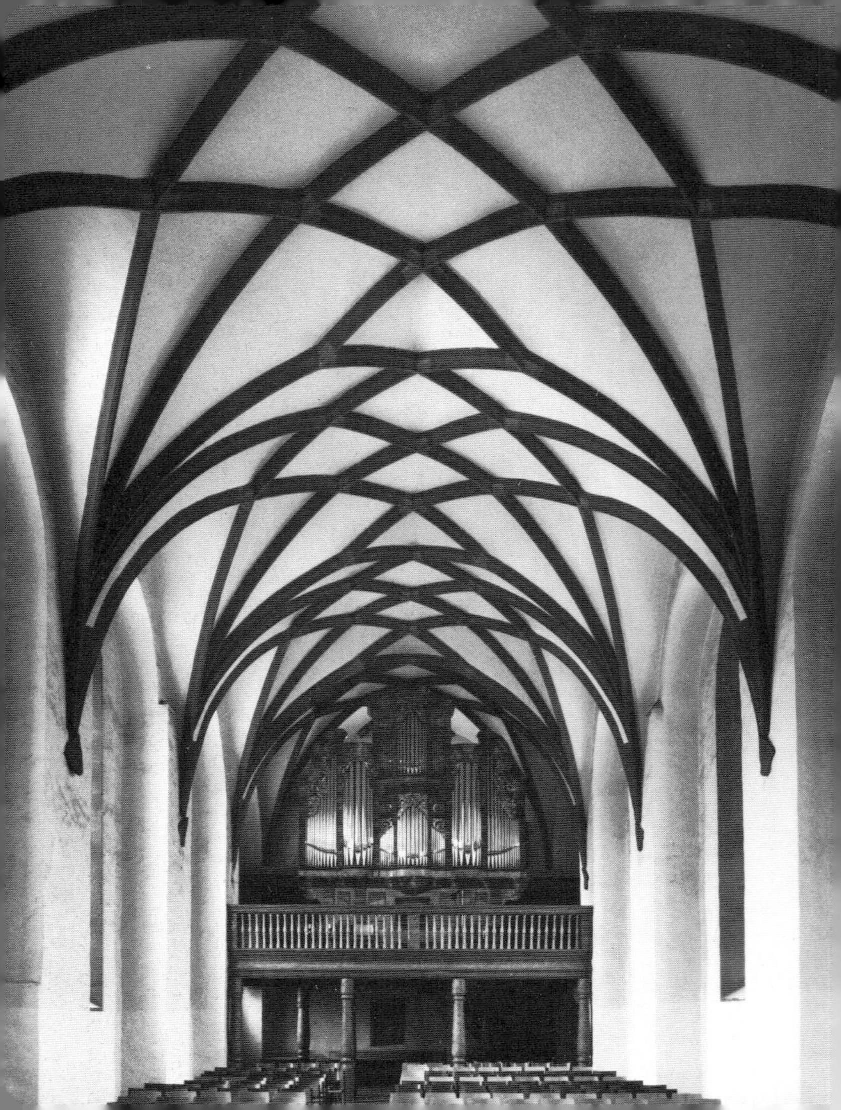

Abb. rechts:
St. Michaelskirche in Schopfheim, Schlußstein mit dem hl. Michael

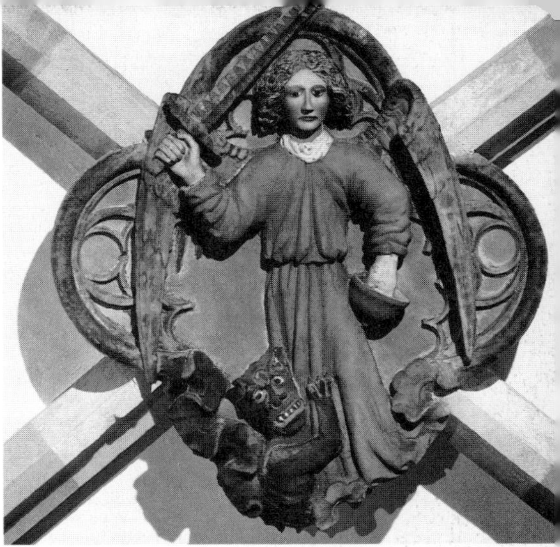

Abb. rechts:
St. Michaelskirche in Schopfheim, Konsole einer Marienfigur mit Darstellung einer Luna

Abb. links:
St. Michaelskirche, Schopfheim

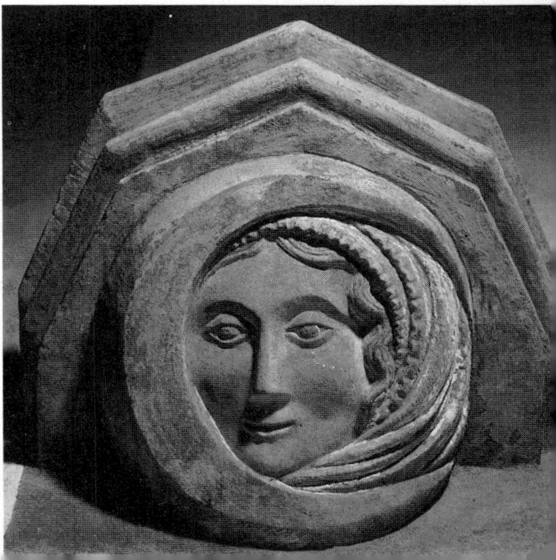

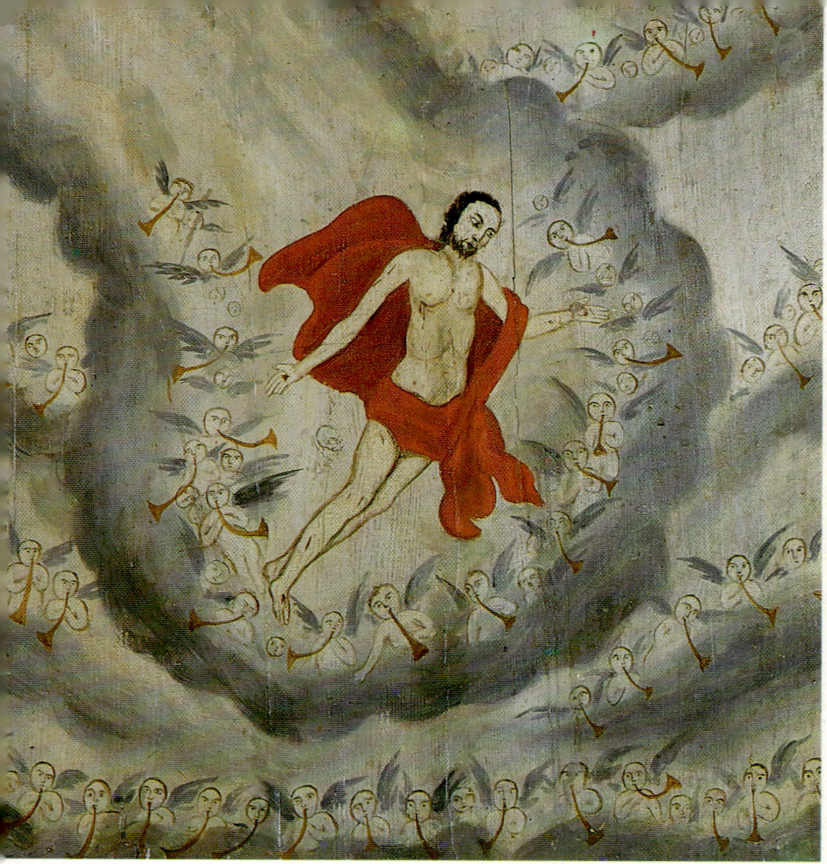

Abb. oben: Pfarrkirche in Hauingen – Stadt Lörrach –, Gemälde an der Empore „Christi Himmelfahrt";
rechts Burg Rötteln, die Oberburg (s. Text S. 36)

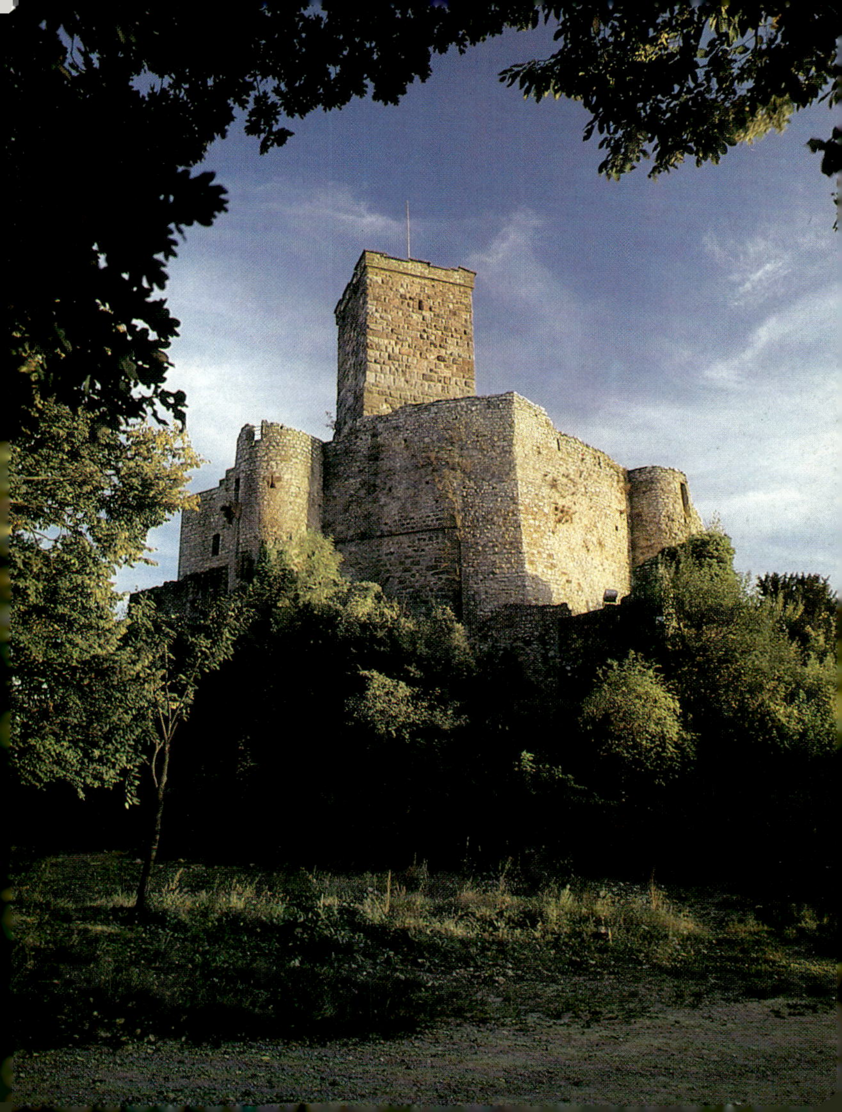

Die Kirche in **Höllstein** – Gemeinde Steinen – ist neben der berühmten Sulzburger Kirche die einzige, die aus dem hohen Mittelalter erhalten geblieben ist *(Abb. rechts oben)*. Genannt wird der Ort erstmals 1103 unter Gütern, die der Basler Bischof dem jungen St. Albanstift schenkt. Im Anschluß daran mag der jetzige Bau entstanden sein, der aber, wie durch Grabungen festgestellt ist, über einer mehrmals vergrößerten karolingischen Kirche steht. Die Wandgliederung außen mit Lisenen und Rundbogenfries ist durch ein steiles gotisches Dach teilweise verdeckt. 1610 sind Fenster in gotischen Formen eingebrochen worden, an der Nordseite jedoch blieben die ursprünglichen. Der Turm ist später als die Kirche entstanden. Im Chor sind Fresken (um 1460) erhalten *(Abb. rechts unten)*. Bei den 12 Aposteln steht die hl. Margarethe, Patronin der Kirche. Am Chorbogen eine Verkündigung, mit Gottvater und dem Schmerzensmann; zusammen mit der Hl.-Geist-Taube der Verkündigung ist es ein „Gnadenstuhl" – die beliebte spätmittelalterliche Darstellung der Dreifaltigkeit.

Maulburg hat mit seiner Johanneskirche, an der die Stiftungstafel des Markgrafen Karl Friedrich von 1753 prangt, eine der wenigen mit Rokokodekoration: Die Empore, die auf der Altarseite für die Orgel auslädt, und die Holzdecke sind mit Gitter- und Bandelwerk, mit Blütengehänge an gewundenen Tüchern bemalt, so daß eine heitere Raumwirkung entsteht. Den Einheimischen selbst ist das noch ungewohnt, weil im 19. Jh. nach der Union der evangelischen Kirchen im Markgräflerland jegliche Malerei überstrichen wurde.

Wenige Kilometer entfernt in **Wieslet** im kleinen Wiesental ist fast gleichzeitig 1757 die jetzige Kirche erbaut worden. Das Äußere ist schmucker als in Maulburg durch Oculi über den Fenstern, durch reiche Profile und durch Zahnschnitt-Fries unter dem Dachansatz. Der Raum und seine Dekoration ist typisch Louis XVI., also „moderner" als Maulburg.

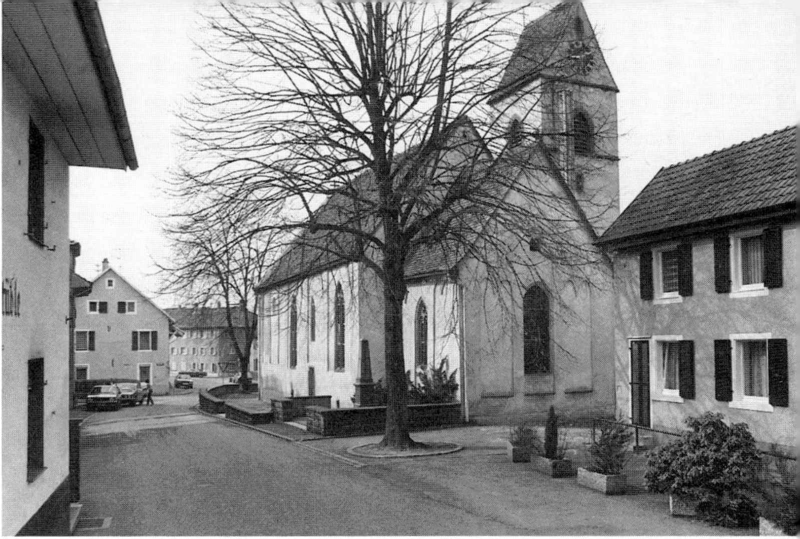

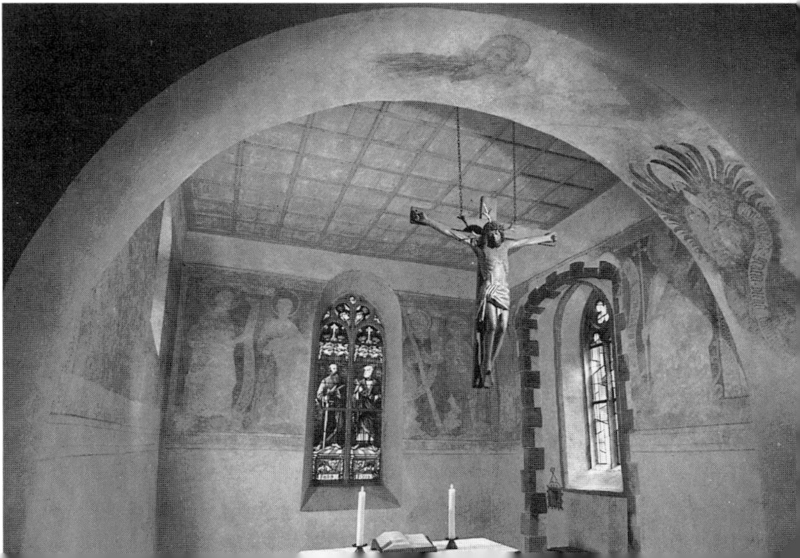

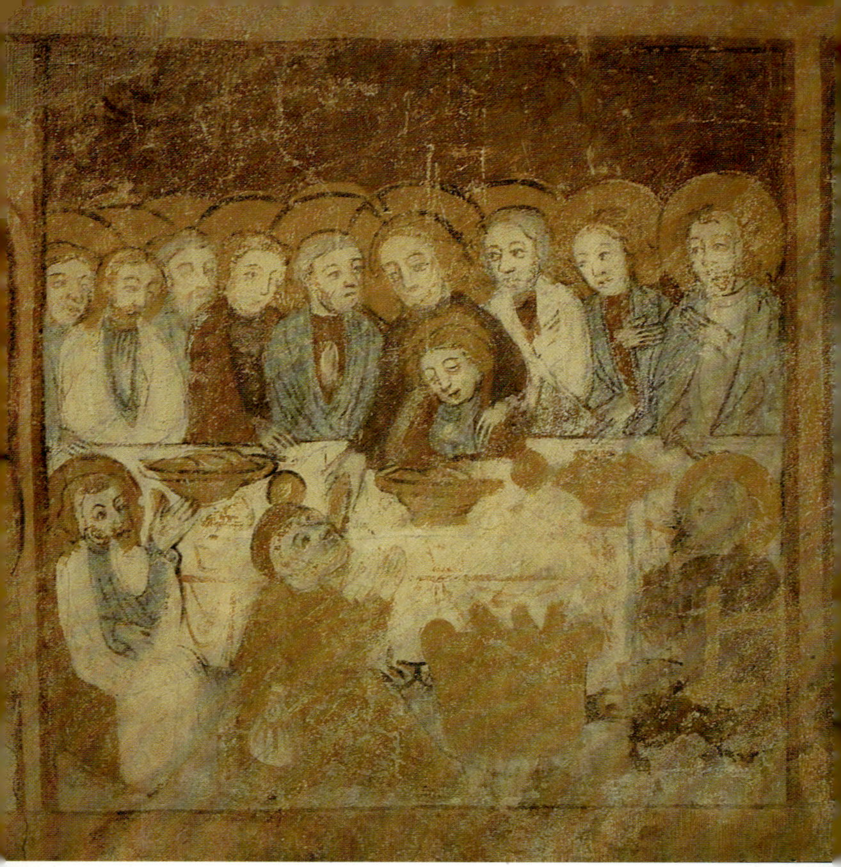

Abb. oben: Die Kirche in Fischingen, Wandbild „Abendmahl" (s. Text S. 47); rechts die Kirche in Tüllingen, Wandbild „Mannalese" (s. Text S. 30)

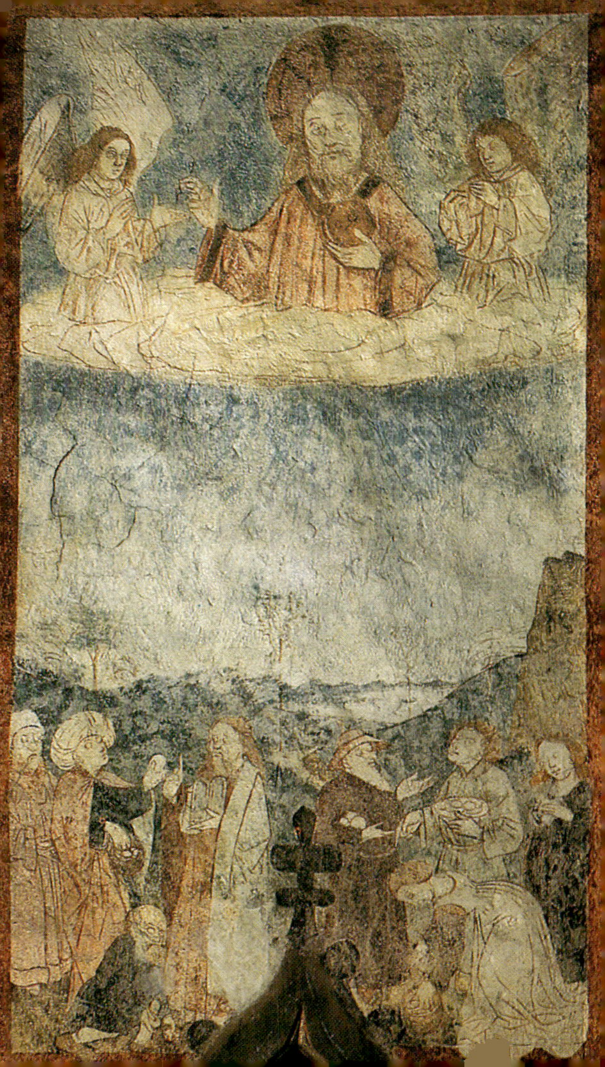

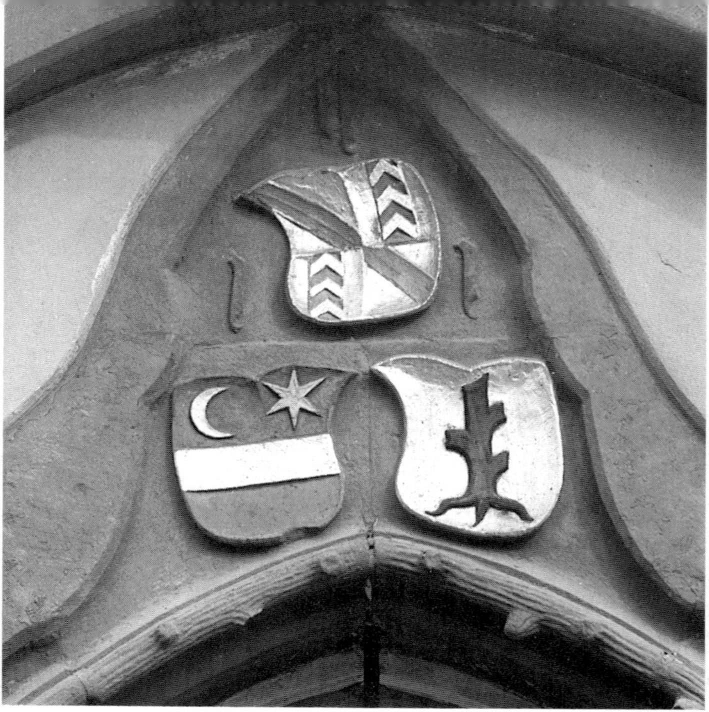

Weitenau, oberhalb von Steinen in einem romantischen Tal gelegen, ist seit 1100 im Besitz des Klosters St. Blasien, das in der Waldeinsamkeit eine Zelle errichtete, die bald Priorat wurde. Zur besseren Verwaltung der ausgedehnten Güter wurde eine Propstei angegliedert, die auch Mühle und Fischweiher besaß. Die drei Wappen über dem Hauptportal *(Abb. oben)* gehören dem Markgrafen Rudolf IV., Georg Eberhard von Horb (Abt 1493-1519) und Christoph von Greuth (Abt 1464-1482), die durch besondere Zuwendungen mit Weitenau verbunden sein mußten. Da von den St. Blasianer Äbten nur das private Wappen angebracht ist ohne den springenden Hirsch des Klosters und ohne Abtsinsignien, ist anzunehmen, daß sie als Pröpste oder Prioren in Weitenau gewirkt haben.

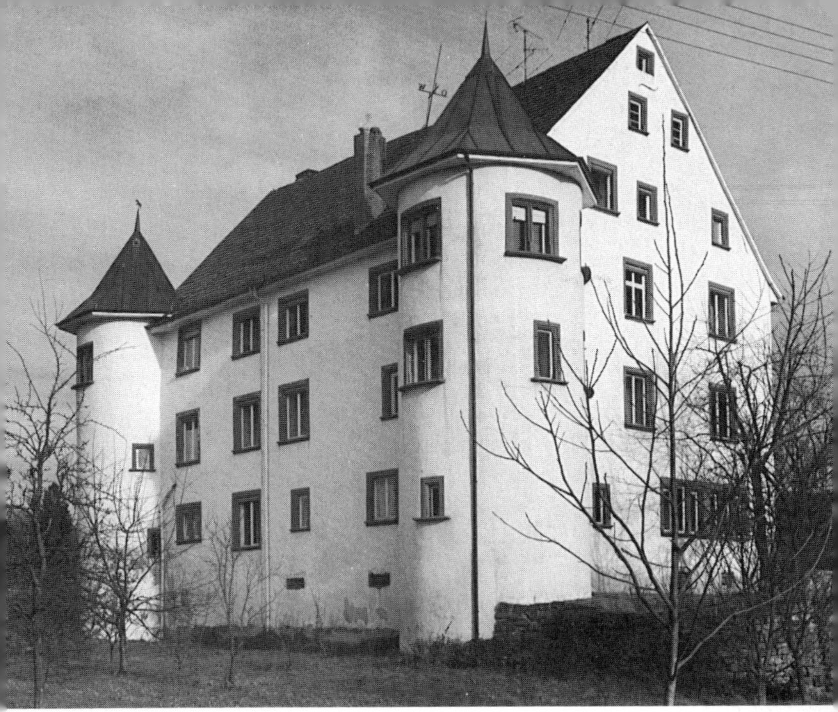

Die ursprüngliche Burg von **Steinen,** auf der Dienstmannen der Rothenburger Herren wohnten, wurde schon 1278 als Ruine bezeichnet, als sie von den letzten Rothenburgern mit den dazugehörigen Gütern an St. Blasien geschenkt wurde. Das jetzige Schloß *(Abb. oben)* scheint 1563 erbaut zu sein; diese Jahreszahl ist zweimal eingemeißelt und stimmt auch mit dem Aussehen überein. Wie in der Gegend üblich, hat der Bau gotischen Charakter, lediglich die Ecktürme wirken renaissancemäßig. Möglich ist auch, daß der Baukörper älter ist und sich die Jahreszahl nur auf die Türme bezieht. Mit häufigem Besitzerwechsel gab es immer wieder kleinere Veränderungen, die aber teilweise wieder beseitigt sind und dem Gesamteindruck keinen Abbruch tun.

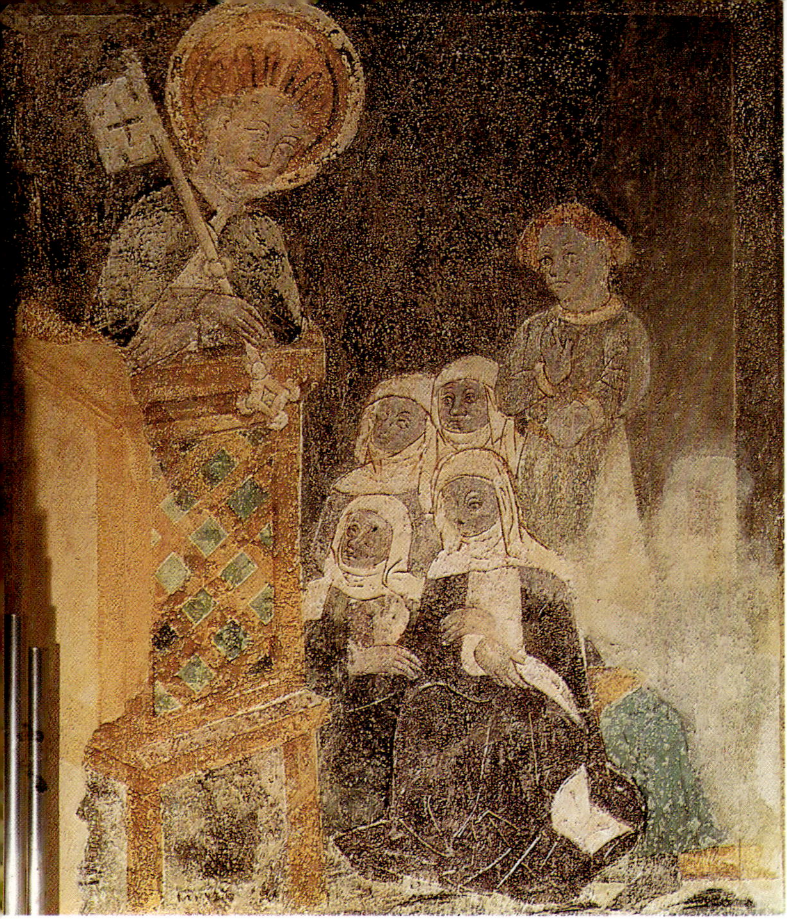

Abb. oben: Die Kirche in Blansingen, Petruspredigt (s. Text S. 54); rechts oben die Kirche in Liel, Chor mit Hl. Grab (s. Text S. 63); rechts unten die Kirche in Hügelheim, zwei Malschichten: Der blinde Lamech erschießt Kain – Marter der hl. Katharina –; (s. Text S. 82)

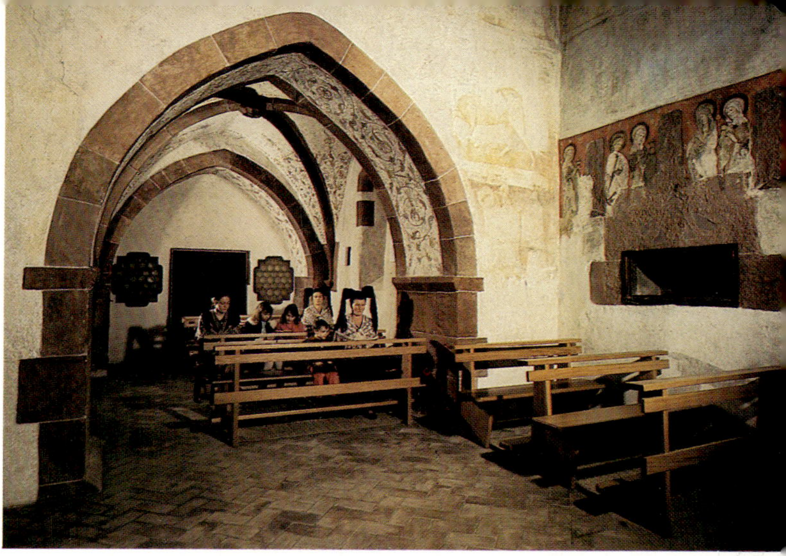

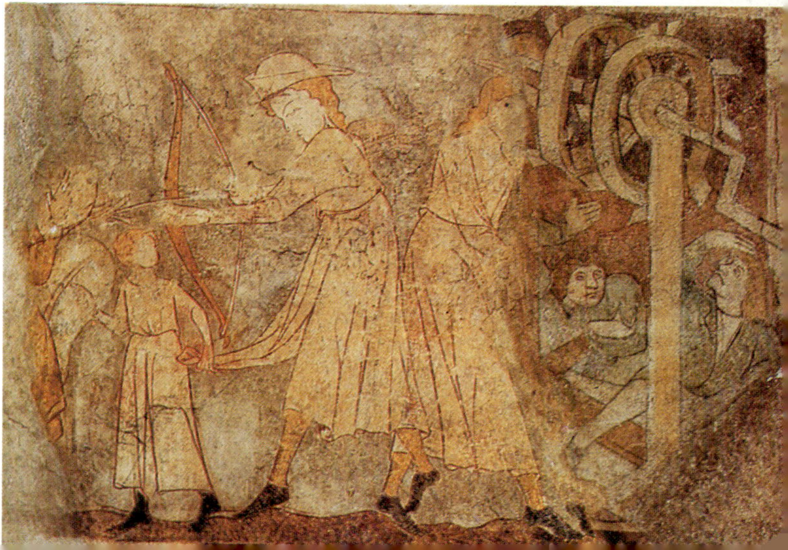

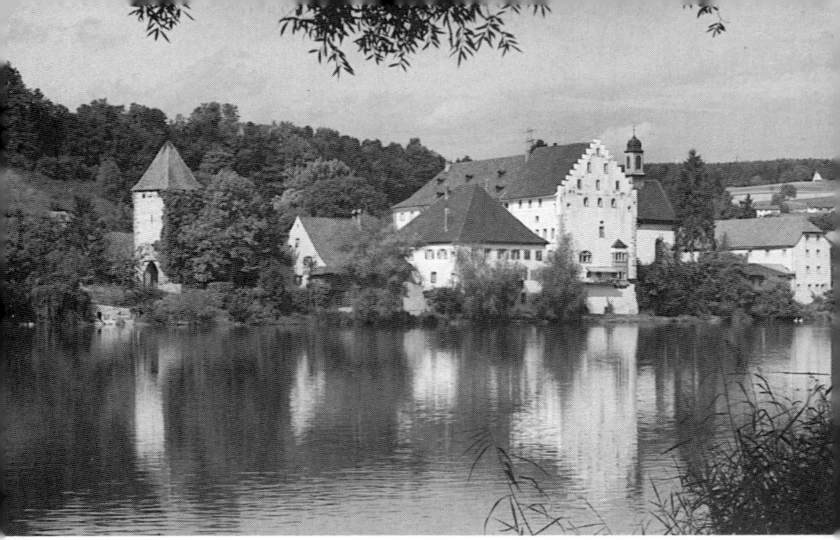

In Karsau - Stadt Rheinfelden - beim Deutschordensschloß **Beuggen** *(Abb. oben)* ist Natur und Kultur zu einem beglückenden Erdenfleck zusammengewachsen. Die einmalig schöne Lage über dem Rhein und die Geschlossenheit des Komplexes sind von besonderem Reiz. Der mittelalterliche Schiffslandeplatz ist noch zu sehen, an dem Rudolf von Habsburg ankam, als er mit dem Basler Bischof die Fehde beenden wollte. Um die halbkreisförmige Ringmauer zog sich ein bis heute erkennbarer Wassergraben, so daß auch in der Barockzeit an der Anlage nicht viel geändert werden konnte. 1268 wurde die Ordensburg eingeweiht. Dieser erste Bau, das „alte Schloß", ist als trutziger Wohnturm erhalten, direkt über dem Rhein mit gewölbtem Kapitelzimmer und Rittersaal, dessen Eichenstütze und wappengeschmücktes Gebälk noch ursprünglich sind. Komtur Friedrich von Homburg hat auf der Rheinseite zwischen 1546 und 1551 einen reichverzierten Erker mit seinem Wappen angefügt. Eine 1428 datierte Wappentafel über dem Eingangsportal zeugte für Bautätigkeit in jenen Jahren. Der Wehrturm in Richtung Rheinfelden wurde unter Komtur Georg von Andlau 1528 vermauert, damit er nicht mehr

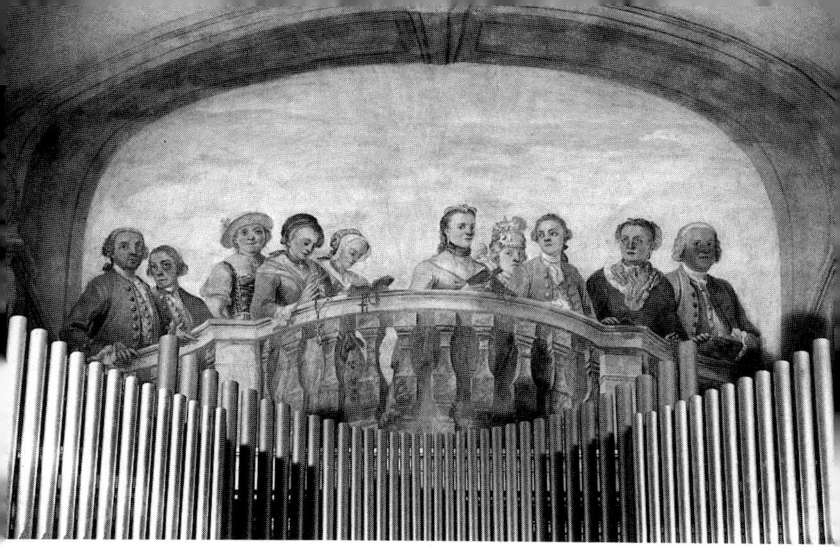

als Durchgang benutzt werden konnte, nachdem der zur Reformation übergetretene Komtur Ludwig von Reischach hinausgeritten war – mit seiner Liebsten, wie der Volksmund zu berichten weiß. In der Folge wurde 1534 das obere Brückentor erneuert und im gleichen Jahr ein neuer Wohntrakt gebaut. An dessen Stelle wurde 1752-57 unter Leitung von Deutschordensbaumeister J. C. Bagnato ein sehr repräsentativer Bau errichtet; der einzige Schmuck ein mit Karyatiden umgebenes Portal, im Treppenhaus ist das Geländer mit Schnitzwerk verziert. Auf der Rückseite nach Norden birgt der Treppenturm in jedem Geschoß einen Abort – was damals nicht in allen Schloßbauten so gut gelöst war. Der Festsaal mit zierlichem Stuck und Marmorkamin wird heute als Konzertsaal genutzt. Auch die Wirtschaftsgebäude wurden im 18. Jh. dem Zeitgeschmack angepaßt. Vom früheren Friedhof ist das Totenhäuschen von 1694 erhalten. Die mittelalterliche Kirche wurde gleichzeitig mit dem Schloßbau ebenfalls von Bagnato erneuert. Fr. Ludw. Hermann hat mit seinem Deckengemälde dem architektonisch einfachen Raum Festlichkeit und Weite gegeben. Es ist eine der besten Arbeiten des Meisters, der sich zwischen Bodensee und Freiburg (s. St. Ulrich) mit vielen Aufträgen verewigt hat. Dargestellt ist die Ordenspatronin Elisabeth von Thüringen als Barockfürstin mit den Portraitzügen der Kaiserin Maria Theresia; in pathetischer Pose verteilt sie Almosen, umringt von ihren Hofdamen, die auch Portraits zu sein scheinen. Auf der einen Treppe wogt Armut und Not entgegen, auf der andern Seite ziehen die Beschenkten beladen von dannen; eine bewegte, phantasievolle Komposition! Das Bild über der Orgel ist besonders originell, wie in einer Loge werden Angehörige des Gesindes sichtbar. *(Abb. S. 19)* Ein in dieser Gegend seltener Schmuck sind die reich verzierten Totenschilde der Ordensritter.

Von Beuggen aus sind es nur wenige Autominuten den Dinkelberg hinauf, und man gelangt nach **Minseln** – Stadt Rheinfelden –, wo die Peter- und Paulskirche mit einem heiter jubilierenden Inneren überrascht. Der Umbau, im Äußeren bescheiden und schlicht anmutend, wurde 1686 begonnen unter der Bauleitung von Anton Troger, dessen Enkel Meinrad Troger den Namen berühmt gemacht hat: als einer der bedeutenden Fürstäbte St. Blasiens im 18. Jh. Die Raumwirkung ist durch verschiedene Veränderungen im 18. Jh. rokokohaft; das große Deckenbild umgeben von Stuck, der die Wände überspielt, schafft zusammen mit dem mächtigen Hochaltar – der mit den späteren Seitenaltären eine optische Einheit bildet – einen beschwingten, zentralisierten Raum. Beste Kräfte waren in dieser Dorfkirche am Werk: als Stukkator ein Gehilfe des berühmten J. M. Feuchtmeier in Säckingen. Das Programm des Deckengemäldes wurde vom Pfarrherrn selbst bestimmt: im Langhaus Martyrium der beiden Apostel, in kleinen Kartuschen Begebenheiten aus deren Leben; im Chor die Verherrlichung der hl. Eucharistie.

Im Nachbardorf **Eichsel** – Stadt Rheinfelden – steht die schmucke Galluskirche mit einem massigen Turm. Schon im hohen Mittelalter wurden hier bei einer Heilquelle drei Jungfrauen verehrt, die als Die-

Abb. rechts: St. Urbanskirche in Herten, die Kanzel

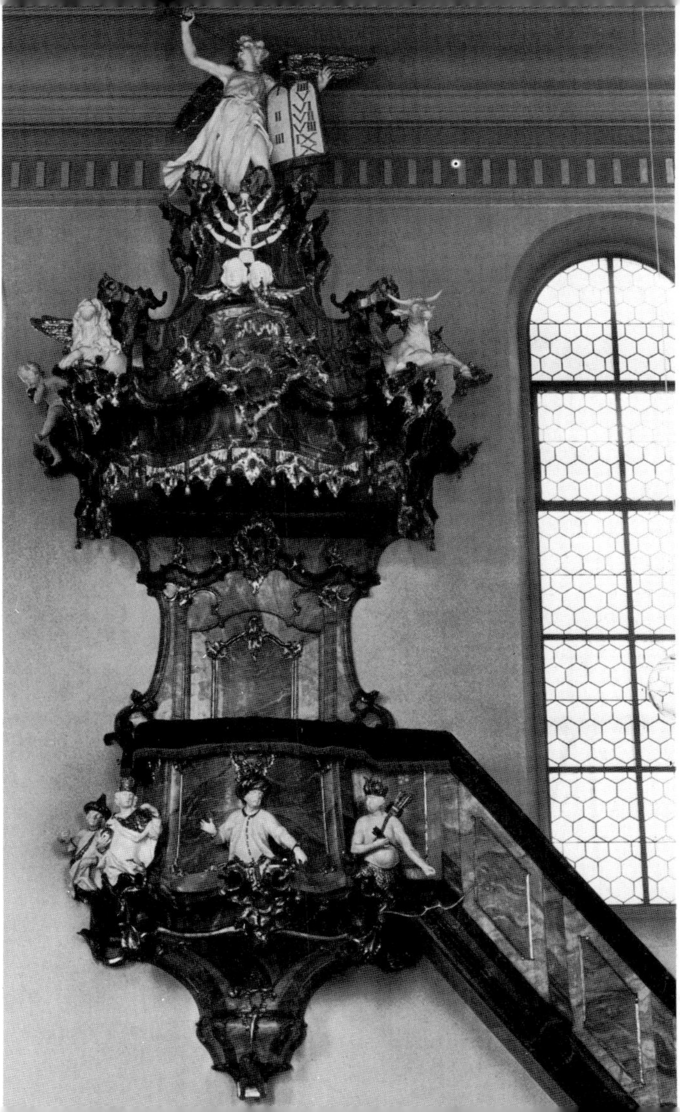

nerinnen der hl. Chrischona – einer Begleiterin der hl. Ursula – nach einer Romwallfahrt hier zurückgeblieben sind. Von der reichen spätgotischen Ausstattung der Wallfahrtskirche ist nichts sichtbar; lediglich eine für das Markgräflerland typische Heiliggrabnische mit Sakramentsschrein, 1478 datiert, ist in die Chorwand eingelassen.

Fährt man die B 34 in Richtung Basel, lohnt sich ein paarmal ein kurzer Halt. In **Herten** – Stadt Rheinfelden – ist die heutige St. Urbanskirche 1792 in Louis-XVI.-Stil vollendet, nach Plänen des Deutschordensbaumeisters F. A. Bagnato. Die Kanzel ist ein prachtvolles Rokokowerk des Wenzingerkreises von 1765 (Matthias Faller?); sie wurde 1795 aus der ehemaligen Dominikanerkirche in Freiburg erworben. Am Korb die vier Erdteile, unten Hunde mit Fackel (Symbol der Dominikaner), auf dem Deckel die vier Evangelistensymbole. *(Abb. S. 21)*

Ehe die Straße vor **Wyhlen** die Bahn kreuzt, stehen direkt am Rhein die Grundmauern eines röm. Brückenkopfes. – Zu Wyhlen gehört das ehemalige Kloster „Himmelspforte", sehr malerisch in einem Tälchen gelegen. Die Kapelle des früheren Priorates von Bellelay ist auch heute noch Wallfahrtsziel. Die heutige Kirche wurde zu Beginn des 17. Jh. gebaut *(Abb. rechts: Altarausschnitt mit Magdalena)*. Der Name „Maria im Buchs" erinnert an den von dem Römern ans Grenzacher Horn gebrachten Buchsbaum, der dort heute noch wild wächst. Das jetzige Wallfahrtsbild dürfte mit einer Altarweihe 1656 in Zusammenhang stehen.

Weiter westlich in **Grenzach** ist seit neuestem eine Römervilla ausgegraben (im Zentrum nördlich in Richtung Berg ungefähr 300 m). Diese Art Funde mehren sich in den letzten Jahren im Oberrheingebiet, so daß die frühere Meinung, es wären rechtsrheinisch nur militärische Stützpunkte der Römer gewesen, zu korrigieren ist. Die ev. Kirche hat einen für eine Dorfkirche aufwendigen Chor mit zierlichem Netzgewölbe (vor 1481); darin befinden sich zwei Kunstwerke der Patronatsherren *(Abb. S. 24)*: ein Sakramentshäuschen mit Bä-

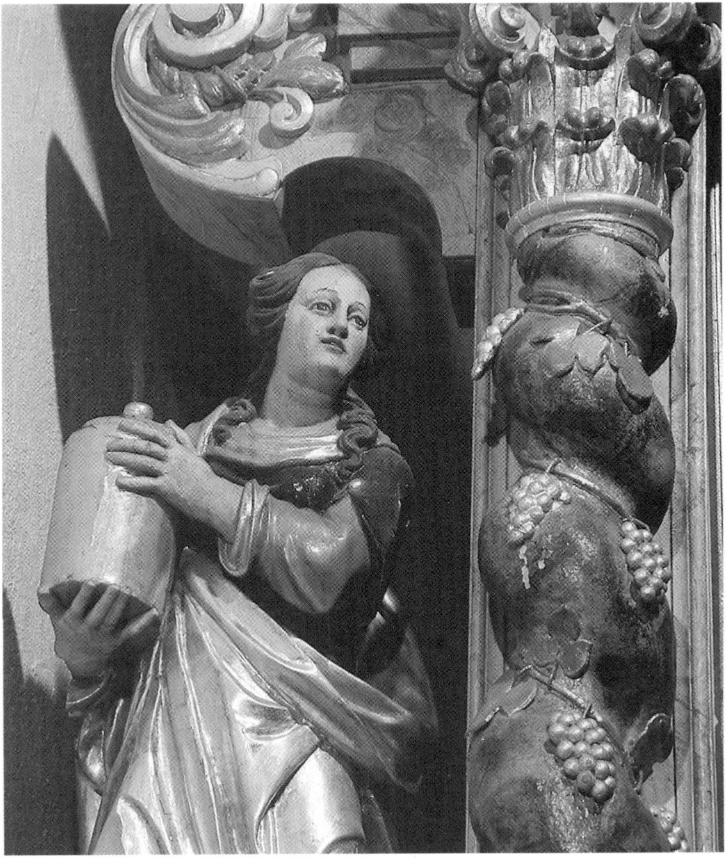

renfels- und Schönauwappen (nach 1494); daneben ein elegantes Barockepitaph der Familie von Bärenfels, wie es in der ganzen Gegend kein zweites gibt.

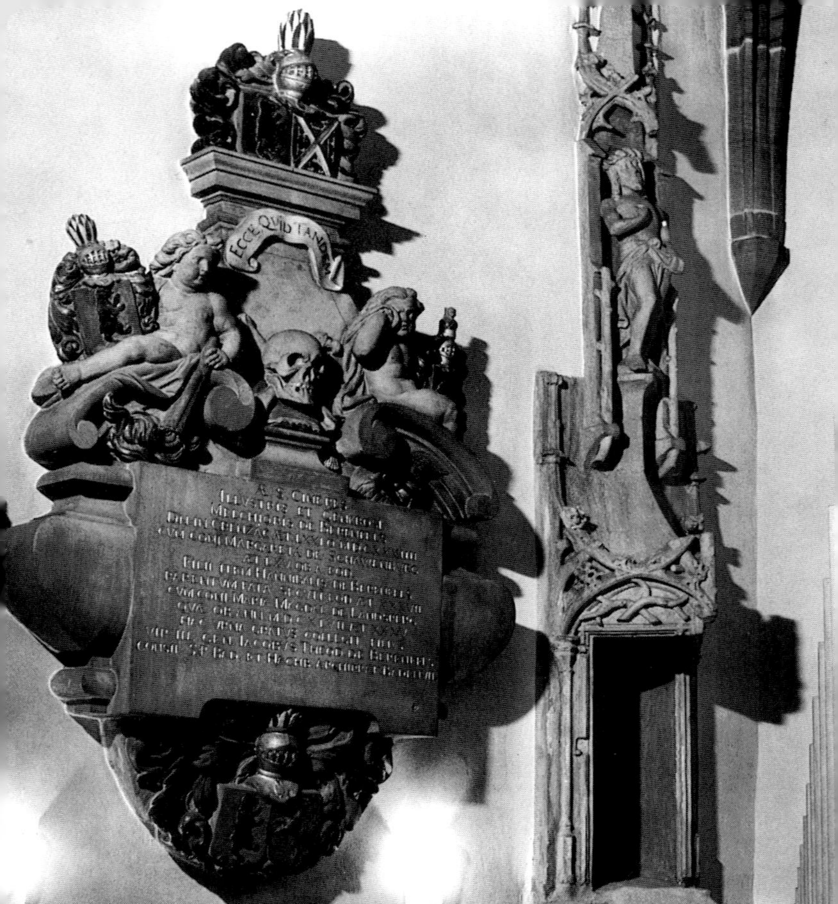

Abb. oben: Die ev. Kirche in Grenzach, Sakramentsschrein und Epitaph

Von Wyhlen aus schnell zu erreichen (ca. 4 km), bietet das Wasserschloß **Inzlingen** *(Abb.S.26)* dem Besucher ein vielfaches Vergnügen: Es ist das einzige immer intakt gebliebene im deutschen Südwesten; dazu liegt es in einem abgeschiedenen, lieblichen Tal, das sich nach Riehen öffnet. Wer nicht über Schweizer Gebiet fahren will, muß auf der Rheinfelder Straße über die Höhe des Waidhofes (oder umgekehrt von Lörrach aus). Und schließlich kann man sich bei bester Gastronomie in stilvollen Räumen Gaumenfreuden hingeben. Als repräsentatives Rathaus der kleinen Gemeinde ist das Schloß bis unter das Dach, wo Ausstellungen stattfinden, mit Leben erfüllt: So ist es nicht nur ein historisches Kleinod der Landschaft sondern auch eine nachahmenswerte denkmalpflegerische Leistung eines Dorfes.

Von der mittelalterlichen Wasserburg steht noch der Rundturm, 1563 fand ein Umbau zur vierseitigen Anlage statt. Das einheitliche Dach ist jünger. Im 18. Jh. wurde die Eingangsseite barockisiert. Im Erdgeschoß haben der Reichensteiner Saal und der kleine Ratsaal noch etwas vom Aussehen des 16. Jh. bewahrt. Der Festsaal im Obergeschoß *(Abb. S. 27)* wurde, nach dem Wappen zu schließen, von Joh. Franz Ignaz Fridolin von Reichenstein und seiner Gemahlin Maria Antonia von Jestetten mit Rokokostuck ausgestattet; an der Decke sind die vier Jahreszeiten und die vier Reichensteinschen Besitzungen dargestellt (Inzlingen, Brombach, Reichenstein, Landskron). Der eingelegte Boden und der elegante Ofen stammen aus der gleichen Zeit. Ebenso verschiedene Supraporten. Die Nepomukfigur vor dem Schloß stand ursprünglich auf der Holzbrücke; sie ist 1731 datiert und nach dem Wappen eine Stiftung des Paul Nik. von Reichenstein und seiner Gemahlin, Freiin von Rechberg-Rothenlöwen.

Die Familie der Reich von Reichenstein, ursprünglich reiche und einflußreiche Bürger in Basel – daher der Name –, stellte bereits Ende des 13. Jh. den Bischof der Stadt. 1394 hat die Familie schon in Inzlingen Einfluß, Heinrich von Reichenstein erhält von Markgraf Rudolf III. die hohe Gerichtsbarkeit zu Lehen; er nannte sich Herr von Inzlingen. Dauernde Besitzer und Bewohner des Schlosses waren die Reichensteiner erst im 16. Jh., sie blieben bis 1816. Nach Verkauf und

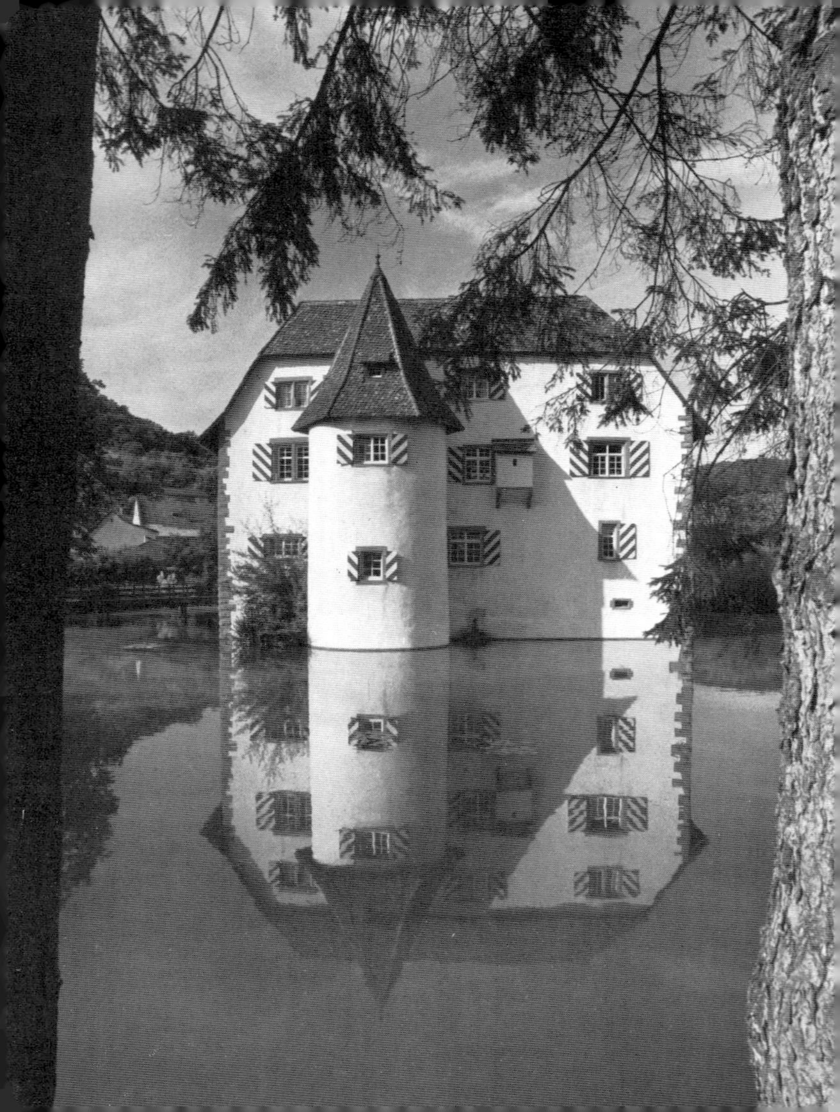

mehrfachem Besitzerwechsel war das Schloß reichlich ruinös geworden, deshalb ist seine Rettung ein besonderer Glücksfall.

Das Schlößle in **Stetten** *(Abb. S. 28)* – so wie es heute steht, eine Erneuerung von 1666 (Schönauwappen) – war der ehemalige Verwaltungssitz des Säckinger Damenstiftes für seine Wiesentäler Besitzungen. Seit 1495 bis zur Säkularisierung hatte ein Zweig der Herren von Schönau das Meieramt inne. Das Herrenhaus hat noch ganz den Charakter eines spätgotischen Baues, nämlich hohes Wohnhaus mit Treppenturm und unsymmetrischer Fensteranordnung. Zum Glück war die Anlage trotz Ummauerung mit schönem Bossenquadertor zu unwichtig, als daß sie 1682 das Schicksal der Zerstörung aller bedeutender Gebäude in und um Lörrach hätte teilen müssen.

Die St. Fridolinskirche des alten Dorfes Stetten *(Abb. S. 29)* ist seit

Abb. links: Inzlingen, das Schloß; oben: Stuckdecke im Festsaal

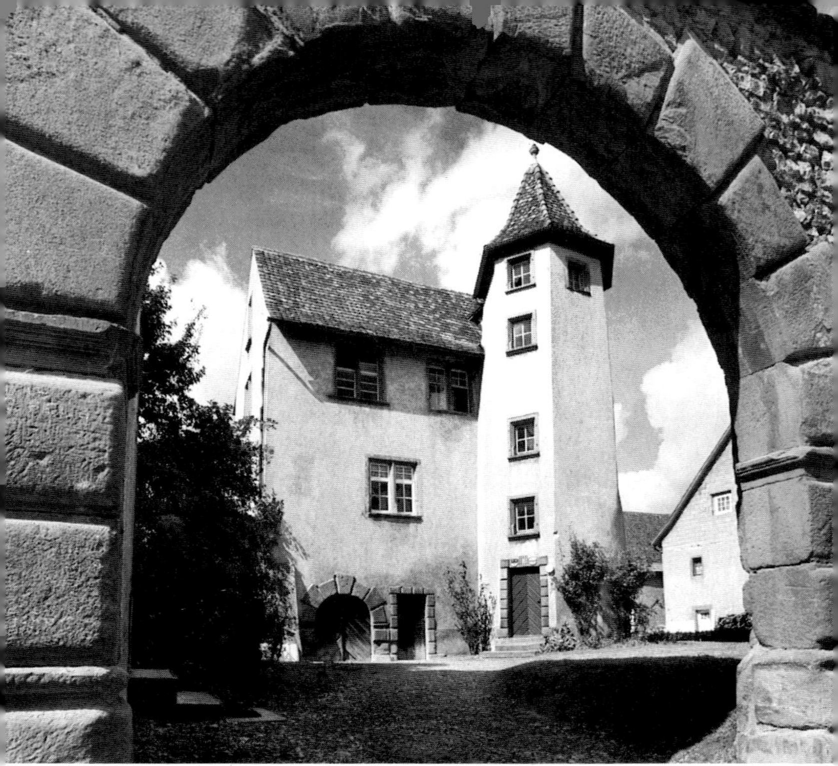

dem Neubau 1822 ein interessantes Biedermeier-Gegenstück zu den gleichzeitigen evangelischen Kirchen der Weinbrennerzeit. Jene wurden alle nach klassizistischen Grundsätzen gebaut, während die katholische Stettener Kirche uns in die Louis-XVI.-Zeit zurückversetzt. Mit dem barocken Pfarrhaus daneben auf hohem Unterbau überragt die Kirche auch heute noch die glücklicherweise dörflich gebliebene Umgebung. Auch nach der Eingemeindung zu Lörrach

Abb. oben: Stetten, das Schlößle; rechts: die Kirche St. Fridolin

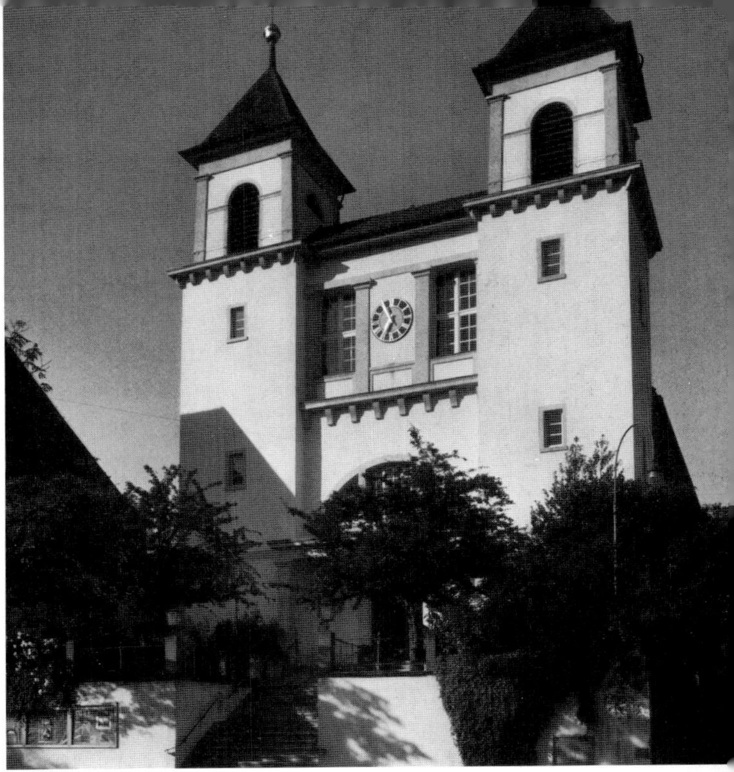

1908 hat Stetten seine Eigenart bewahrt.

Der helle, heitere Kirchenraum ist von besonderem Interesse, da er als einer der ganz wenigen noch die Stuckarbeiten und Altäre des Jodok Wilhelm (geb. 1797 in Bezau/Vorarlberg, gest. 1843 in Stetten) bewahrt und so den letzten Ausklang einer mehr als 200 Jahre alten Tradition bildet. Trotz der einst sehr begehrten und auch heute noch ansprechenden Arbeiten dieses späten Vorarlbergers, hat die Ungunst der Zeit sein reiches Werk fast ganz untergehen lassen; nach der 1848er Revolution war man bemüht, die Spuren des Ancien Régime zu tilgen, so daß die eleganten Stuckaltäre, Kanzeln und Dekorationen allenthalben durch Neugotik ersetzt wurden.

Am südlichsten Ausläufer des Schwarzwaldes im Rheinknie grüßt die kleine Dorfkirche von **Tüllingen** – Stadt Lörrach – auf drei Länder herab. Dort bei klarem Wetter auf dem Kirchplatz zu stehen, ist zu jeder Tageszeit ein Erlebnis, am eindruckvollsten aber bei sinkender Sonne. Dieser außergewöhnliche Erdenfleck hat wohl schon die vorchristliche Bevölkerung zur Errichtung eines Heiligtums bewegt; wie anders wäre verständlich, daß die Kirche nicht im Dorf steht? Sie birgt in einem bescheidenen Raum einen besonderen Schatz, das schönste Heilige Grab der Gegend (um 1470; *Farbb. S. 13)*. Diese typisch oberdeutsche Komposition hat im Markgräflerland, im Einflußbereich St. Blasiens, eine eigene Gestalt erfahren, nämlich die Verbindung von Sakramentsschrein und Heiliggrabnische. Hier in Tüllingen sind nicht nur die drei Frauen am Grab in ergreifender künstlerischer Intensität dargestellt: über dem Sakramentsschrein ist ein originelles Bild der Mannalese, die seit Thomas von Aquin als alttestamentliche Parallele zur Eucharistie gedeutet wird. Eine erregte Menschengruppe ist vor einen Landschaftshintergrund gestellt, bei dem man den Rhein mit dem Isteiner Klotz erkennen möchte. Die Komposition erinnert an Conrad Witz. Jedenfalls muß ein großer, uns bis jetzt unbekannter Künstler am Werk gewesen sein.

Lörrach ist zwar die Metropole des südlichen Markgräflerlandes und die Kreisstadt, deren Verwaltungsbereich bis zum Feldberg und zum Schauinsland reicht, doch für den Kunstwanderer reiht sich der Ort in die umliegenden, teils eingemeindeten älteren Dörfer ein; seine besondere Anziehung ist das städtische Museum am Burghof *(Abb. S. 32)*, das volkskundliche und kunstgeschichtliche Schätze birgt, die überregionales Interesse beanspruchen. In dem alten Bau der Kapitelschule (um 1750 erb.), in der Johann Peter Hebel als Vikar gewirkt hat – und wo trotz „Aushöhlung" Atmosphäre herrscht –, ist zu sehen, was irgendwie mit Lörrachs Geschichte zu tun hat: Geologie mit schöner Schausammlung der Mineralogie des Südschwarzwaldes, Ur- und Frühgeschichte (Jaspisbergbau am Isteiner Klotz, Kelten-, Alamannen-, Römerfunde), Geschichte (1848er Revolution, Funde von der Burg Rötteln), Handwerk (Fischer, Winzer, bäuerliches Handwerk, Einrichtungsgegenstände), Kunsthandwerk (Münzen, Drucke, Goldschmiedekunst, Schmiedeeisen, bedeutende Uhrensammlung, Zinn, Glocken). Die Abteilung Keramik mit Kanderner Töpferei vom ausgehenden 19. Jh. an und mit einem repräsentativen Querschnitt des Schaffens von Max Laeuger ist auch für Fachleute eine Bereicherung. In der Abteilung Malerei sind vor allem einheimische Künstler der letzten drei Generationen vertreten (Hermann Daur, der klassische Maler des Markgräflerlandes; A. Babberger, A. Strübe, A. Riedlin und A. Glattacker, der Hebel-Illustrator, u.a.). Beachtenswert sind barocke Portraits aus den vornehmen Häusern Stift Säckingen, Deutschordenskommende Beuggen, Schloß Bürgeln. Jedem großen Museum zur Ehre gereichen würden die spätgotischen Schnitzwerke, die größtenteils aus der Umgebung stammen. So die „Dinkelberger Madonna", gefunden in Adelhausen bei Lörrach, eindeutig dem Basler Kunstkreis zugehörig *(Abb. S. 33)*.

Vom mittelalterlichen Dorf Lörrach, das Anfang des 15. Jh. auf Betreiben Markgraf Rudolfs III. zum Marktflecken aufstieg, ist nicht einmal die Kirche erhalten. Lediglich der 1517 datierte spätgotische Turm mit seiner kunstvollen Steinmetzarbeit ist Zeuge, daß der Ort an Bedeutung gewonnen hatte. Das Sterngewölbe in der Turmhalle *(Abb. S. 34)* – mit der modernen Ausstattung für den jetzt als Taufkapelle genutzten Raum – ist ein gelungenes Zusammenwirken von Spätgotik und Gegenwart. Die Kirche selbst ist im Weinbrennerstil erbaut, 1817 geweiht. Das Ideal jener Generation nach den napoleonischen Kriegen war das Griechentum; es konnte in den entbehrungsreichen Jahren nur mit beschränkten Mitteln in Architektur umgesetzt werden. Bewundernswert, daß in drei Jahren der Bau vollendet war. Nach der Zerstörung der Burg Rötteln 1678 wurde die markgräfliche Verwaltung nach Lörrach verlegt; damit kamen Barockbauten in die junge Stadt (1683 Stadtrecht), von denen wenig er-

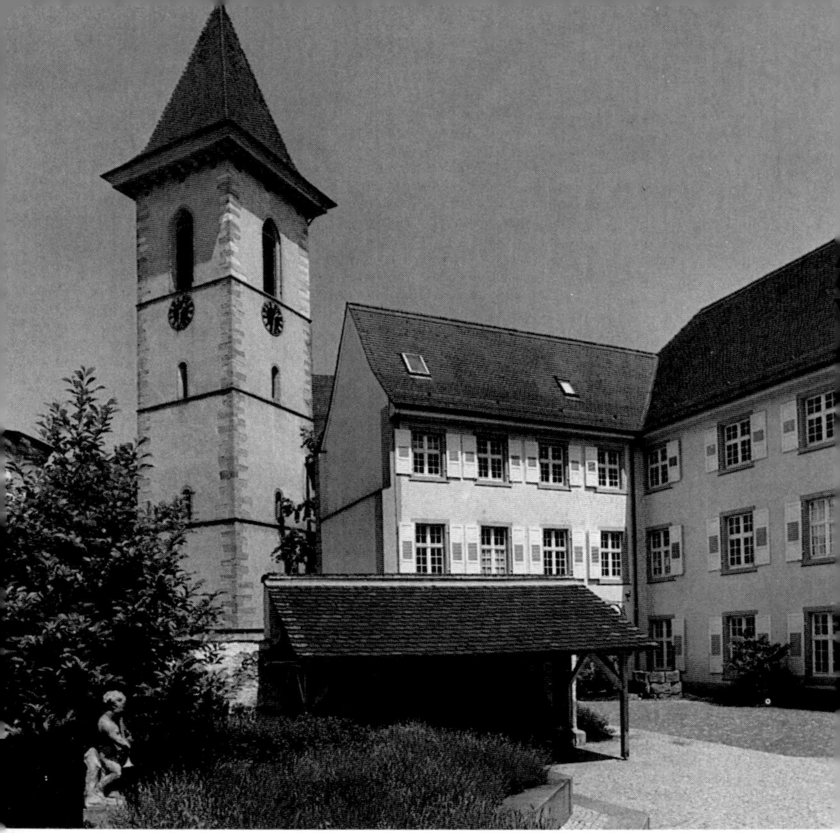

halten geblieben ist (Pfarrhaus neben der Kirche, die ehemaligen herrschaftlichen Speicher auf dem Burghof – jetzt Polizei).

Abb. oben: Lörrach, städt. Museum am Burghof mit ev. Stadtkirche; rechts die Dinkelberger Madonna im städt. Museum

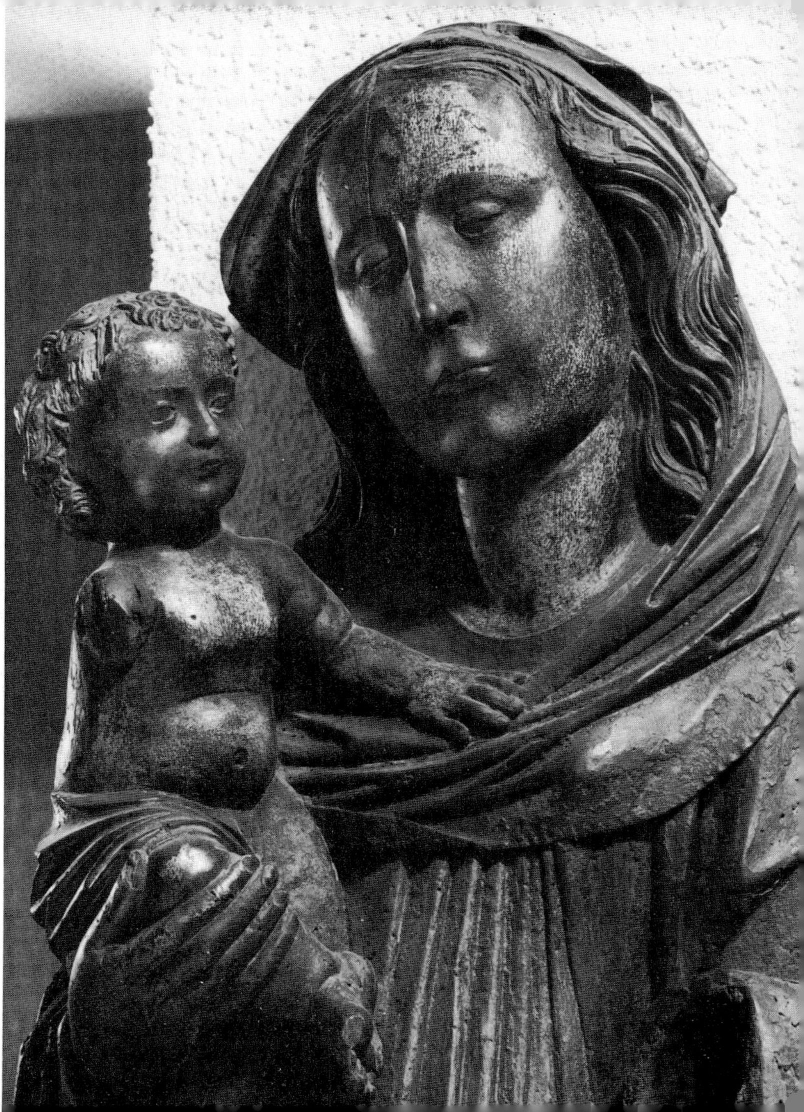

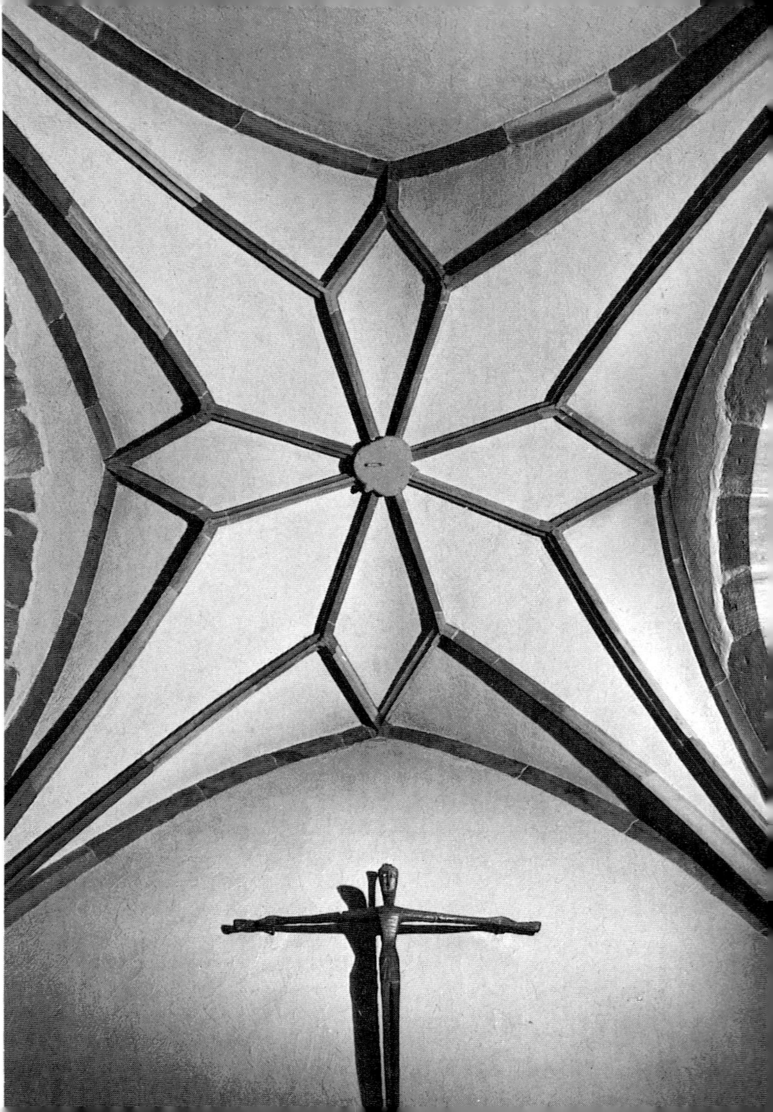

Die das Dorf überragende Kirche in **Brombach** - Stadt Lörrach - ist wohl einer der interessantesten Bauten wilhelminischer Zeit in der Region: durch geschickte Einbeziehung des spätgotischen Chores und des typischen Markgräfler Turmes. In heutiger Zeit ist es eine Freude, die handwerklich gediegene, künstlerische Steinmetz-und Zimmermannsarbeit jener früher so geschmähten Epoche zu bewundern. Eine besondere Überraschung bietet der an der Westseite des Turmes eingemauerte sagenumwobene romanische Kopf, der in der Ortstradition „Heidenköpfle" *(Abb. unten)* oder nach dem Kirchenpatron „Germanus" genannt wird. Beide Versionen haben etwas für sich: Die ursprüngliche Anbringung an der hochmittelalterlichen Kirche kann an einer Konsole gewesen sein, so als tragendes Glied das Böse (= Heidentum im Mittelalter) verkörpernd; oder der Kopf war an prominenter Stelle das Bild des Kirchenpatrons. Vergleichbares ist im Markgräflerland nur an einem Ort zu finden: Am Turm der Christuskirche in **Kirchen** (Gemeinde Efringen-Kirchen) ist ebenfalls ein Kopf aus dem 12. Jh. in zweiter Verwendung eingemauert. - An der ursprünglichen Stelle im Turm hängt eine intakte Glocke von 1595, die dem Raub der Kriege entgangen ist, weil sie in der Eile nicht aus den Klangöffnungen herauszubringen war.

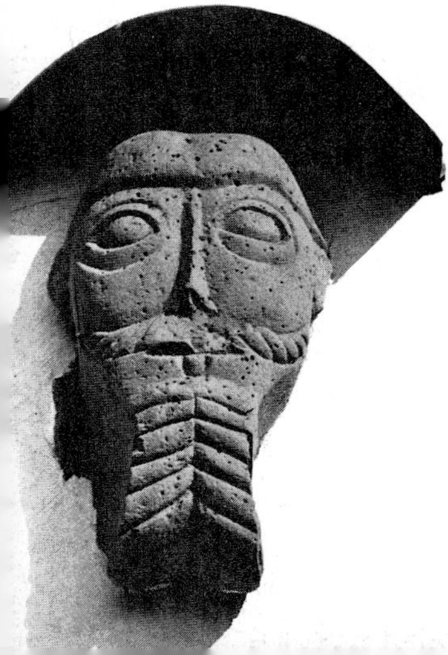

Die **Burg Rötteln** *(Farbb. S. 9)*, heute Wahrzeichen des unteren Wiesentales, war im 12. und 13. Jh. der Sitz der einflußreichen Herren von Rötteln, die wohl aus einem Ministerialengeschlecht der Basler Bischöfe emporgekommen sind

Abb. auf der linken Seite: Sterngewölbe in der ev. Kirche Lörrach

(Abb. S. 37). Mit dem Ende des Geschlechtes 1310 wurde die Burg Residenz der Erben, der Sausenberger Linie der Markrafen von Hachberg. Entsprechend dem ständig wachsenden Ansehen dieser Fürsten wuchs die Burg bis zu deren Aussterben 1501 zu einer der ausgedehntesten Anlagen im deutschen Südwesten. Später haben in ihr nur noch die Landvögte der neuen Herren, der Markgrafen von Baden-Durlach, residiert und von da aus die „Oberen Herrschaften von Rötteln-Sausenberg-Badenweiler" verwaltet. Nach den Plünderungen beim Bauernaufstand 1525 wurden die Befestigungen verstärkt, und auch nach dem 30-jährigen Krieg die Schäden behoben. Doch 1678 kam der endgültige Ruin wie bei den meisten rechtsrheinischen Schlössern, und in den folgenden Notzeiten wurden die Ruinen als Baumaterial abgetragen! Trotzdem ist durch die private Initiative des Röttelnbundes noch soviel bewahrt, daß die einzelnen Bauten indentifiziert werden können; dazu ist eine unvergleichliche Aussicht zu genießen, und die „Burgschenke" lädt zur Einkehr.

Der älteste und höchste Teil der Burg, der Bergfried, ist auffallend geräumig, so daß angenommen wird, er war ursprünglich ein Wohnturm. Die großen Quader mit Ritzornament im Unterbau scheinen später vorgeblendet, im weiteren Verlauf wurden dann typisch staufische Bossenquader verwendet. Die Oberburg mit Halsgraben war schon in der Zeit der Rötteler Herren ausgebaut, unter den Hachbergern fanden lediglich Veränderungen statt; der letzte Bau wurde vom letzten Hachberger aufgeführt, wie das kombinierte Hachberger und Savoyer Wappen mit Initialen P M und Datum 1494 kundtut. Die ausgedehnte Unterburg war schon unter Rudolf III. befestigt, sonst hätte 1420 dort keine Zisterne gebaut werden können. Der jetzige Eingang allerdings mit repräsentativem Torbau ist laut eingemeißeltem Wappen und Jahreszahl erst von Rudolf IV. hierher verlegt worden. Vorher kam man vom Berg her bei der oberen Zugbrücke in die Burg.

Abb. rechts: Grabstein an der Rötteler Kirche mit dem Wappen derer von Rötteln

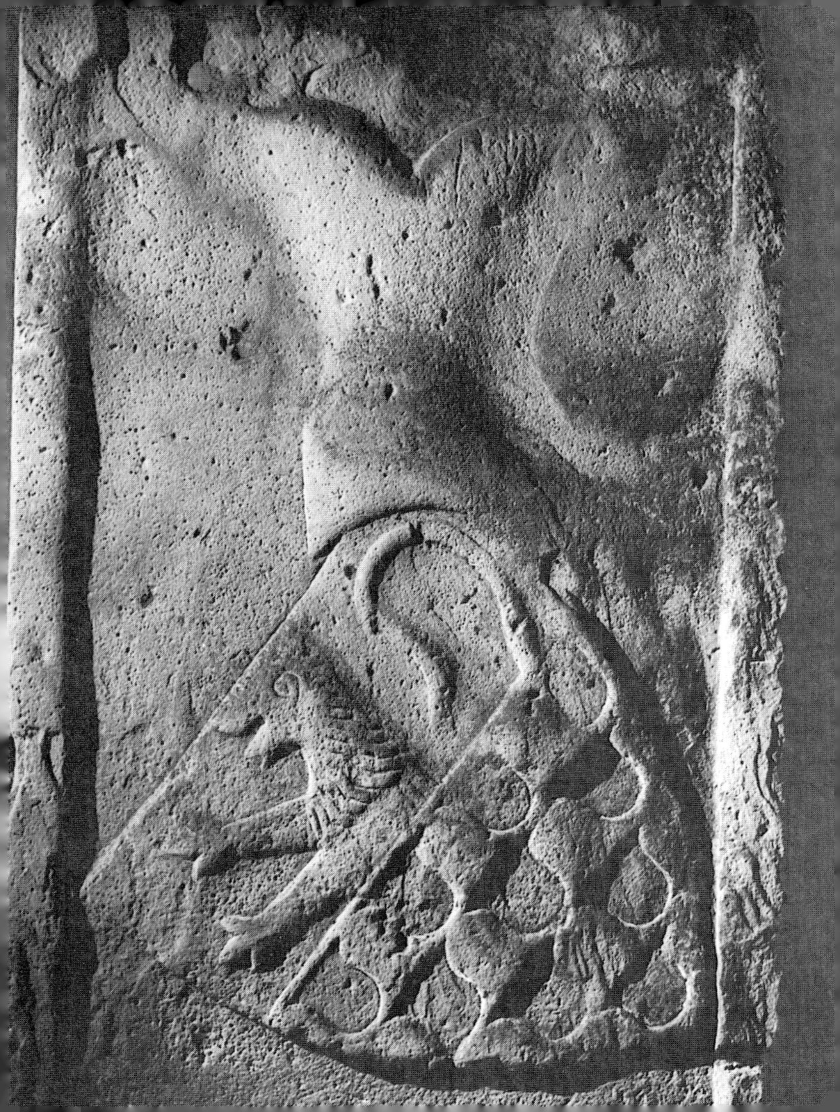

Die Kirche von **Rötteln** – Stadt Lörrach – zu Füßen der Burg, heute Pfarrkiche für Tumringen und Haagen, war einst die Haupt- und Grabeskirche der Burgherren. Die selbstbewußte Inschrifttafel des Markgrafen Rudolf III. von 1401: „ich macht disi kilchen..." darf nicht darüber hinwegtäuschen, daß es sich damals um einen Umbau handelte, nicht um einen Neubau. Die erste Kirche zu Rötteln ist älter als die Burg und wird schon im 8. Jh. urkundlich erwähnt. Die spätmittelalterliche Kirche Rudolfs III. wurde 1901 vergrößert und durch neue Treppentürmchen in ihrer Silhouette verändert. Der künstlerische Reichtum besteht in den Grabmälern des Markgrafen Rudolf III. und seiner zweiten Gemahlin Anna von Freiburg in der Grabkapelle *(Abb. rechts)* und in der Grabplatte eines Klerikers in der Turmkapelle, die nicht der ursprüngliche Platz ist. Diese Werke, von einem unbekannten Meister im Dienste des Markgrafen um 1420 geschaffen, sind die einzigen Überbleibsel, die die Reformation der einst reich ausgestatteten Kirche gelassen hat. Als anschauliche Dokumente eines kunstliebenden Fürstenhofes reihen sie sich in die beste Grabmalkunst ihrer Zeit ein. Besonders die Figur des jungen Geistlichen ist von subtiler Ausdrucks- und Formenschönheit.

Die Seitenwangen einer Bank aus der gleichen Zeit mit der Darstellung des hl. Georg und einer Wurzel Jesse – in reformatorischer Zeit umfunktioniert zu einer Jagdszene – lassen die Qualität des künstlerischen Schaffens auch in der Holzschnitzerei erahnen.

Der ehrgeizige Markgraf scheute keine Ausgaben, um sein Prestige zu mehren; so hinterließ er, als er 85jährig 1428 starb, große Schulden – nicht zuletzt, weil er sich die Wahl seines Sohnes Otto zum Bischof von Konstanz über seine Verhältnisse viel kosten ließ. Trotzdem ist er wegen seiner Wohltätigkeit und der Stiftungen für die Kirchen seiner Dörfer – die seinem Seelenheil dienen sollten – als frommer Landesfürst verehrt worden und so auch in die Geschichte des Markgräflerlandes eingegangen.

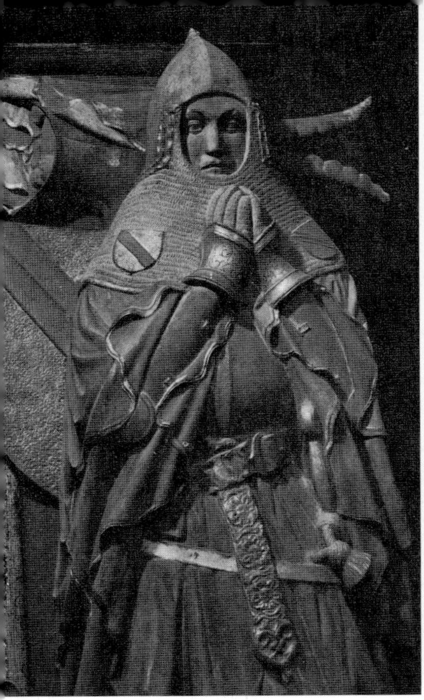
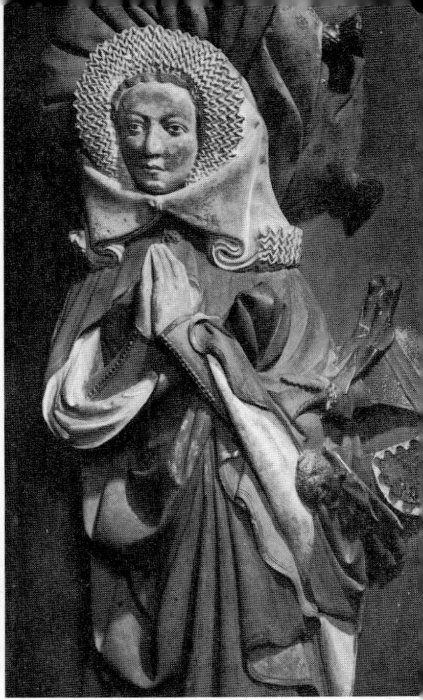

Das 1200 Jahre alte **Weil** – wie Lörrach vor den Toren Basels – ist in den letzten hundert Jahren eine aufstrebende, sich schnell vergrößernde Stadt geworden. Trotzdem hat sich im alten Dorfkern um die Kirche und den Bläsiring die Atmosphäre des Markgräfler Dorfes erhalten. Die Kirche selbst ist zwar nicht mehr mittelalterlich, lehnt sich aber an den alten Turm an. Der markgräfliche Baumeister Wilhelm Jeremias Müller hat, wie an vielen Orten des Markgräflerlandes, 1791 eine den protestantischen Gottesdienstforderungen entsprechende Saalkirche in wohltuenden Proportionen gebaut. Neben barocken Epitaphien ist von der alten Ausstattung besonders bemerkenswert ein 1701 in Arlesheim geschnitzter Kruzifix, der vom Domstift, das für den Weiler Chor baupflichtig war, nach Weil geschenkt wurde; wohl weil der Gehilfe am linken Fuß versehentlich sechs Zehen geschnitzt hatte. An der Choraußenwand ist die Grabplatte der Gustave Fecht eingelassen, die J. P. Hebel lange Jahre freundschaftlich verbunden war. Unter den alten Profanbauten – Domhof (1560), Bläsihof mit Wappen des Abtes Caspar II. (1571), Meierhof – ist das Staffelhaus (am Türsturz 1607) seit der jüngsten Renovierung eine attraktive denkmalpflegerische Leistung *(Abb. rechts).* Im gegenüberliegenden Museum wird zusammengetragen, was mit Verkehr, Handwerk und Industrie des Ortes zu tun hat, wobei Stoffdruck eine besondere Rolle spielte *(Abb. unten).*

Das Weindorf **Ötlingen** – Stadt Weil –, Kunstkennern als Domizil Hermann Daurs bekannt, ist wegen seiner einmaligen Lage am Westabhang des südlichsten Schwarzwaldausläufers Ausflugsziel; aber nicht nur die prachtvolle Aussicht ist anziehend: Ein malerisches Dorf mit schönen alten Häusern – die nie abgebrannt sind. Im

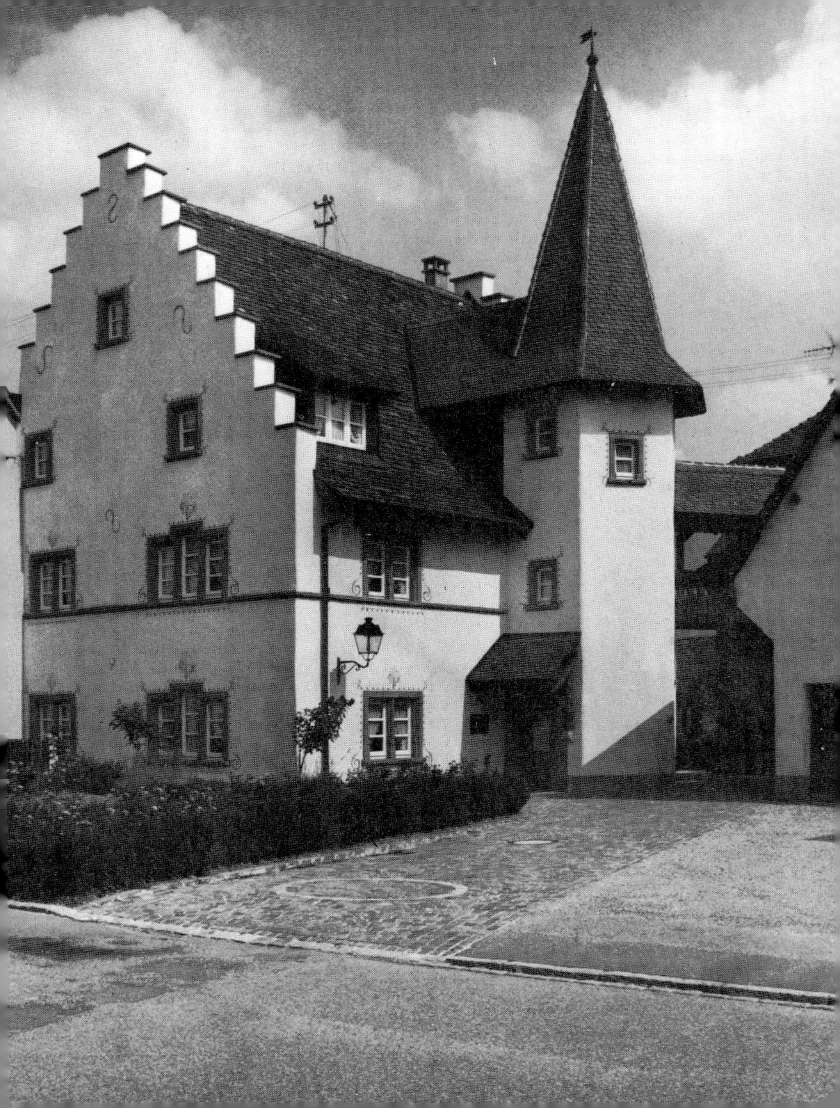

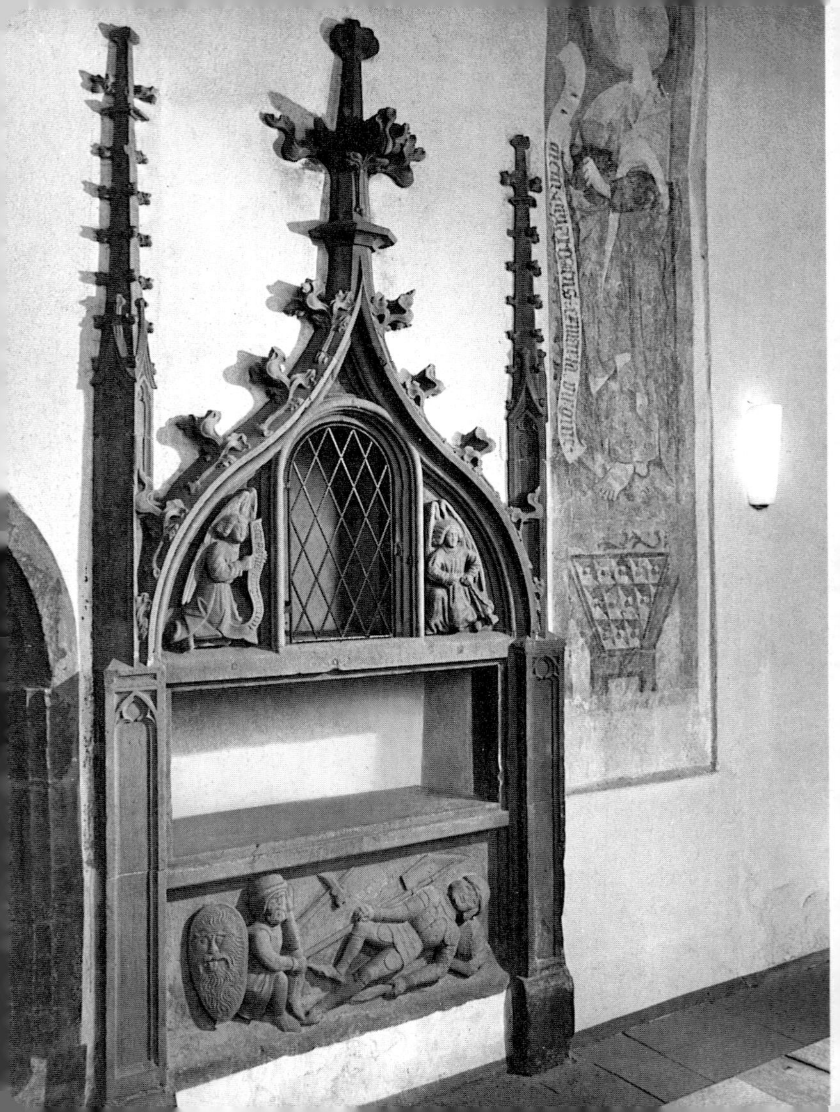

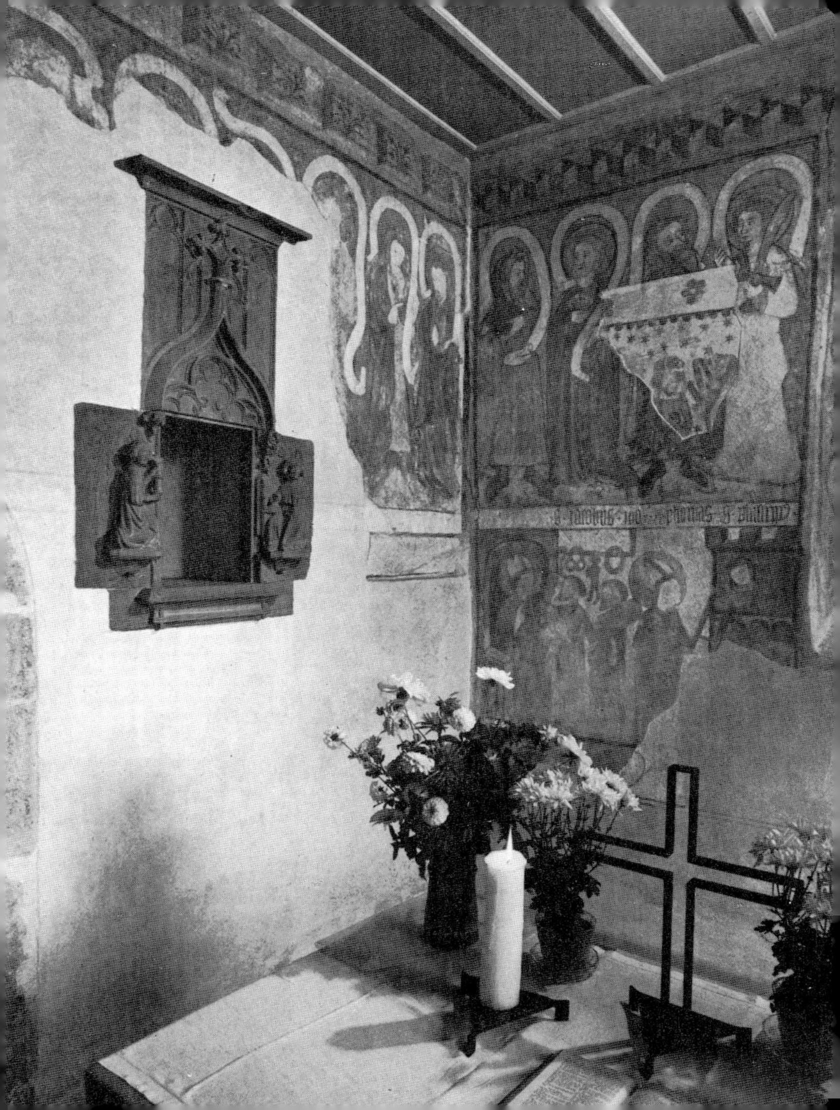

Mittelalter hatten hier Klöster mit klingenden Namen Höfe wegen des Weines. Die Kirche ist wie die meisten Markgräfler Kirchen mit Wandmalereien geschmückt; erhalten hat sich auf der alten Nordwand die Legende des Kirchenpatrones Gallus, darunter läßt sich das Martyrium des Apostels Paulus erkennen. Im Chor ein für die Gegend typisches Heiliges Grab, d.h. ein Sakramentsschrein mit Grabnische *(Abb. S. 42)*, an deren Vorderseite die schlafenden Wächter in Relief (um 1470). Zur Erntedankzeit bietet hier der traditionelle „Dankaltar", ein Früchteaufbau, einen besonderen Kunstgenuß.

Märkt – Stadt Weil –, das alte Fisch- und Schifferdorf, hatte im Mittelalter größere Bedeutung als heute; so ist die geräumige Kirche mit Wandmalerei aus verschiedenen Zeiten *(Abb. S. 43)* und einem Sakramentsschrein mit köstlichen Engelsfiguren aus Sandstein (Mitte 15. Jh.) zu erklären. Die älteste Malschicht gehört wohl noch dem 14. Jh. an – Reste einer Kreuzigung auf Sternengrund –; die zweite, abwechselnd Apostel mit Propheten, muß im ersten Drittel des 15. Jh. entstanden sein, und die Szenen aus der Legende des Kirchenpatrons Nikolaus Ende des 15. Jh. Die Darstellung der Dreifaltigkeit als drei Köpfe in einem Medaillon (ähnlich in Liel und Fischingen) ist eine Besonderheit.

Die Martinskirche im Nachbarort **Eimeldingen** hat aus dem 15. Jh. einen schönen gewölbten Chor mit dem markgräflichen Wappen „bewahrt", stand also unter besonderer Gunst der Herrschaft; genau gesagt, nach den Zerstörungen im letzten Krieg wurde die Kirche jüngst so aufwendig restauriert, daß der ursprüngliche Zustand wieder hergestellt ist; bedeutsam, weil es im Markgräflerland kaum gewölbte Chöre gibt.

In **Binzen,** 2 km östlich Richtung Lörrach, steht von der alten Lorenzkirche noch der Turm, der jetzt Eingang für die Weinbrennerkirche ist. In der Tür vom Dachboden der früheren Kirche zum Turm romanische Ornamente und in zweiter Verwendung eine ottonische Doppelsäule als Türsturz.

In **Efringen** ist in der Gaststube des „Ochsen", des früheren St. Blasianischen Dinghofes, eine Kuriosität zu sehen: die frühere Außentür des in diesem Gebäude untergebrachten Salzkastens. Ein heimischer Schnitzer hat in anschaulicher Weise die Tätigkeit in jenen Räumen illustriert: Zwei Männer sind damit beschäftigt, das damals (18. Jh.) kostbare Salz, das aus dem Ausland kam, zu wiegen und in Fässer zu füllen *(Abb. unten).* Vom gleichen Schnitzer mag die Darstellung eines weinzapfenden Mannes sein, die sich im Oberteil der Kellertür des Müllerhauses in der Gutenau befindet.

Wer sich für mittelalterliche Steinbearbeitung interessiert, sollte sich den Kirchturm in **Kirchen** ansehen: Unten sind große Sandsteinquader mit Ritzzeichnung verwendet, wie am Bergfried auf der Rötteler Burg; sie müssen von einem ältern Bau stammen und zum zweitenmal verwendet worden sein. Schon in karolingischer Zeit befand sich hier eine Königspfalz, die 1007 von Heinrich II. an das Kloster Stein a.Rh. geschenkt wurde; an behauenen Bausteinen dürfte es

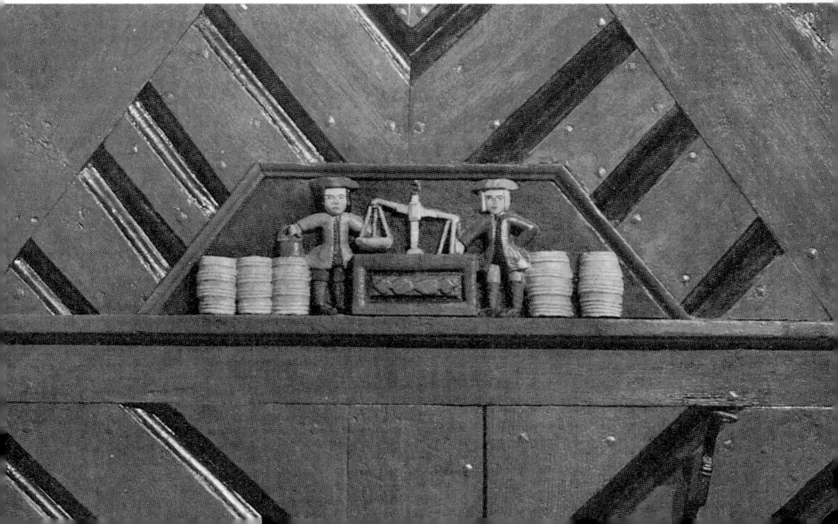

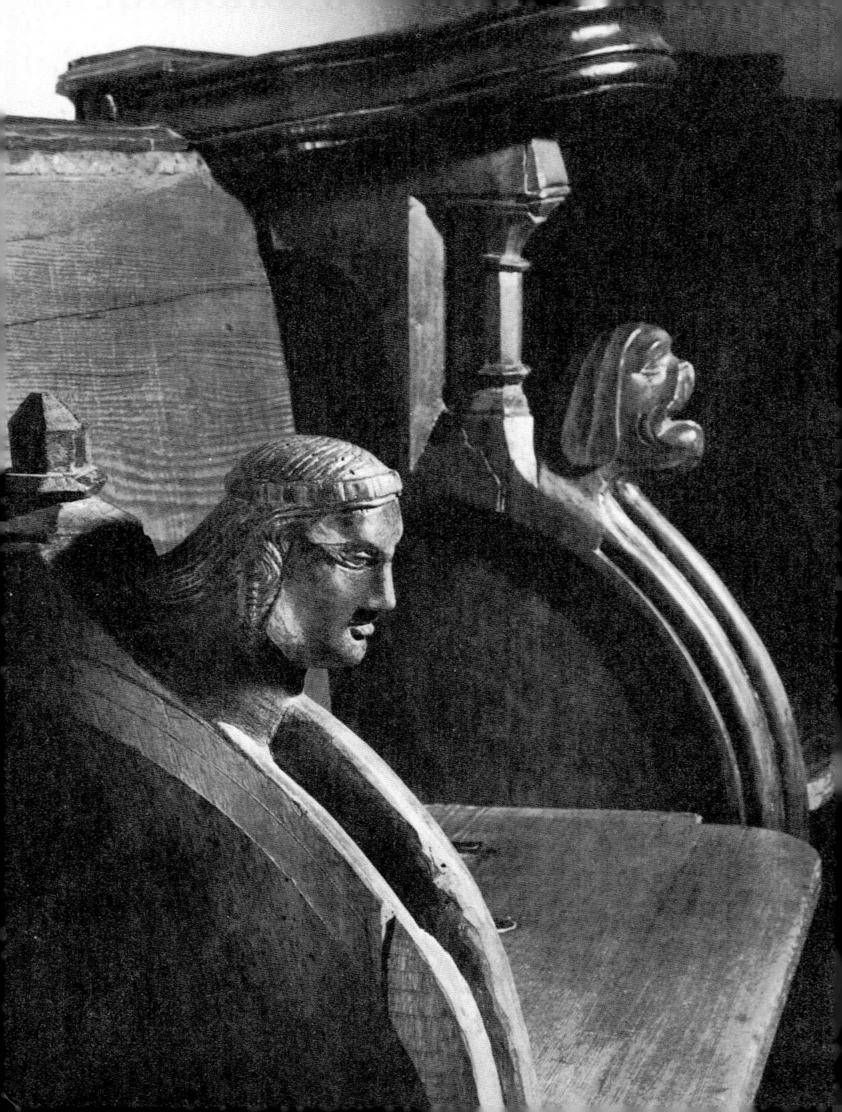

demnach nicht gemangelt haben. – Etwas außerhalb von Kirchen liegt ein gut erhaltener jüdischer Friedhof.

In der schlichten **Egringer** Dorfkirche – Gemeinde Efringen-Kirchen –, die dem hl. Gallus geweiht war, überrascht ein spätgotisches Chorgestühl *(Abb. links)*: Mit 17 Plätzen ist es ursprünglich keinesfalls für den Bedarf eines kleinen Dorfes hergestellt. So muß angenommen werden, daß das Basler Spital, das für den Unterhalt des Chores zuständig war, dieses in Basel überflüssig gewordene Gestühl gestiftet hat. Eine solche massiv eichene Schreinerarbeit mit kunstvoll geschnitzten Evangelistensymbolen wurde auch früher nicht einfach dem Untergang überlassen. 1473 war Chor- und Altarweihe, in dieser Zeit ist auch der Sakramentsschrein mit Heiliggrabnische entstanden; letztere wurde wohl bei Einbau des Gestühls zugemauert und kam erst jüngst wieder zutage.

Fischingen *(Farbb. S. 12)* ist für den Freund spätmittelalterlicher Wandmalerei eines der köstlichsten Erlebnisse im Markgräflerland. In der Kirche – der jetzige spätmittelalterliche Bau ist der vierte an der gleichen Stelle – ist das ganze Langhaus mit Szenen aus dem Alten und Neuen Testament überzogen. Entsprechend dem spätmittelalterlichen Patrozinium St. Marien wurde den Szenen mit Maria gebührender Platz eingeräumt. Ganz oben fängt diese „Bilderbibel" mit der Erschaffung der Welt an; dann Vertreibung der Stammeltern, der Brudermord, die Arche, das brennende Sodoma; als Abschluß Abrahams Opfer, was als alttestamentliche Parallele zum Kreuzesopfer gesehen wurde. Direkt daneben die Verkündigung an Maria als Anfang der Erlösung. Offensichtlich liegt ein einheitlicher Plan mit theologischen Bezügen zugrunde, wenn auch mindestens drei verschiedene Hände am Werk waren. Der älteste Meister arbeitete am Alten Testament; sein Stil ist „altmodischer" als bei den Bildern des Neuen Testaments; die modernsten Kompositionen finden sich unten an der Nordwand. Entweder haben sich die Arbeiten jahrzehntelang hingezogen über die Mitte des 15. Jh. hinaus, oder es waren gleichzeitig Meister verschiedener Generationen tätig. – Der erhängte Judas in einer Fensternische und der hl. Alexius unter der Treppe sind besonders originelle Darstellungen.

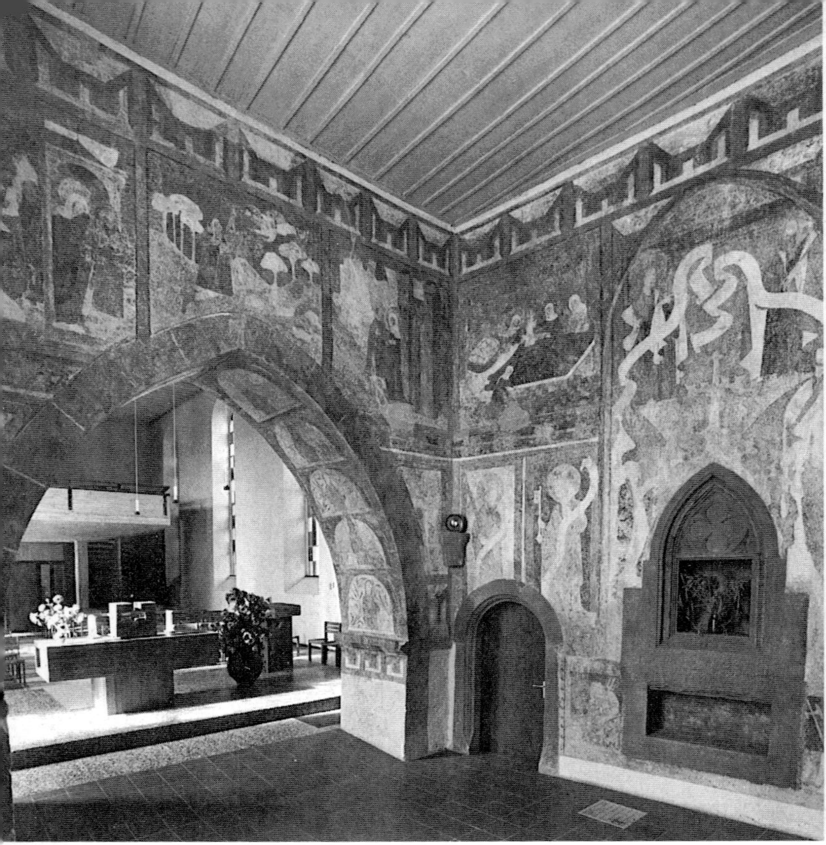

In der Kirche zu **Mappach** – Gemeinde Efringen-Kirchen – birgt der Chorturm einen vollständigen Freskenzyklus: die Annenlegende *(Abb. oben)*.Die eindringliche Erzählweise erinnert an die Monumentalität Giottos. Dem Stifter Arnold von Rotberg wurde nach über zehnjähriger Ehe ein Sohn geboren; so war die Stiftung entweder als Dank oder vorher als Fürbitte aufgeopfert. Die teilweise sehr eigen-

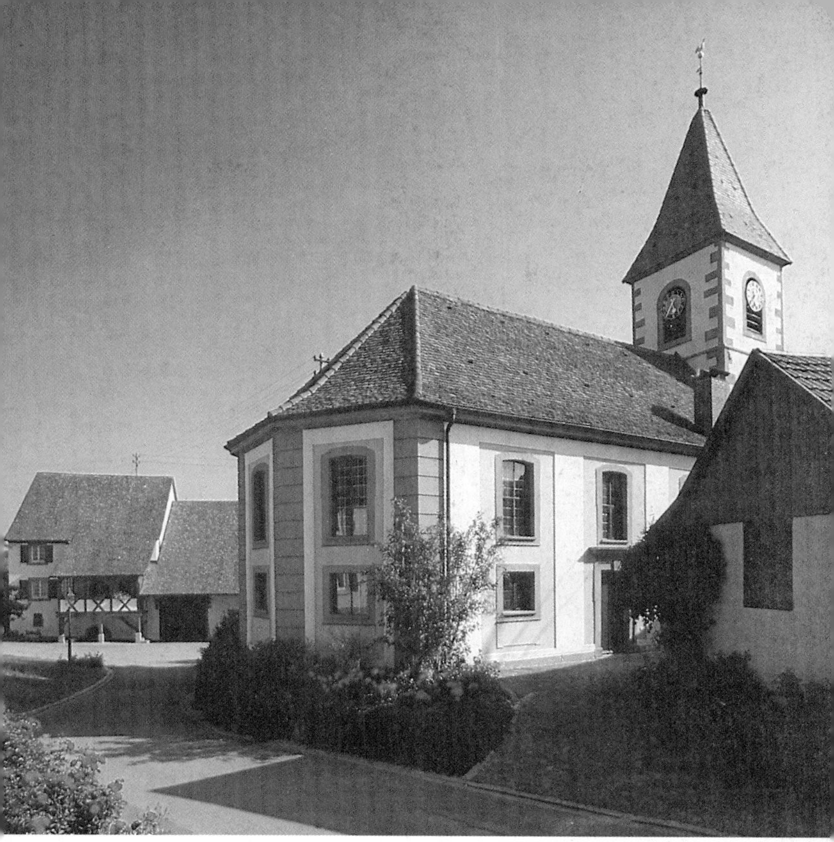

willigen Darstellungen – Anna begleitet Joachim in die Berge – zeugen vom persönlichen Engagement des Stifterpaares, das sich in seiner Situation dem Elternpaar Anna und Joachim verbunden fühlte. – An den unteren Wandpartien sind die Apostel gemalt und in den Fensternischen die Schutzpatrone der Familie Rotberg. Das Hl. Grab wird von burlesken Wächterfiguren gerahmt.

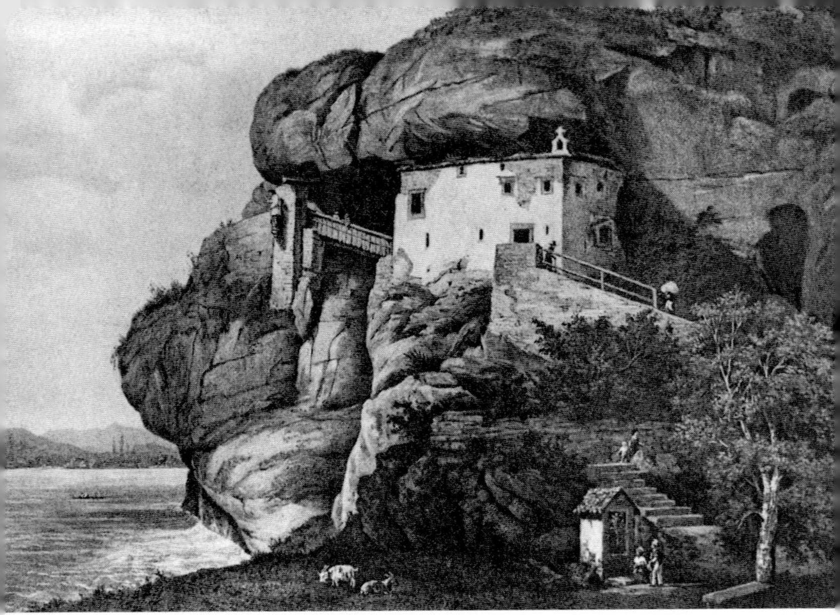

In **Wintersweiler** – Gemeinde Efringen-Kirchen – amtet zwar derselbe Pfarrer wie in Mappach, doch die barocke Kirche von 1765 *(Abb. S. 49)* hat nichts mit den zumeist mittelalterlichen Kirchen der Gegend gemein. Auch hier sind Wandmalereien – wenn auch keine Legenden – , die dem lutherischen Kirchenraum etwas rokokohafte Heiterkeit geben. Da die Malereien in allen Markgräfler Kirchen im 19.Jh. überstrichen wurden, hatte man eine falsche Vorstellung und war der Meinung, die Bilderfeindlichkeit des Schweizer Calvinismus wäre auch im Markgräflerland verbreitet gewesen. – Im Dorf stehen schmucke Häuser mit typischen Lauben, teilweise noch mit altem Schnitzwerk.

Die heute idyllische Lage des Dorfes **Istein** – Gemeinde Efringen-Kirchen – war vor der Tullaschen Rheinkorrektur (1876 vollendet) eher gefährlich; der Rhein floß mit einem Arm direkt unter der Sied-

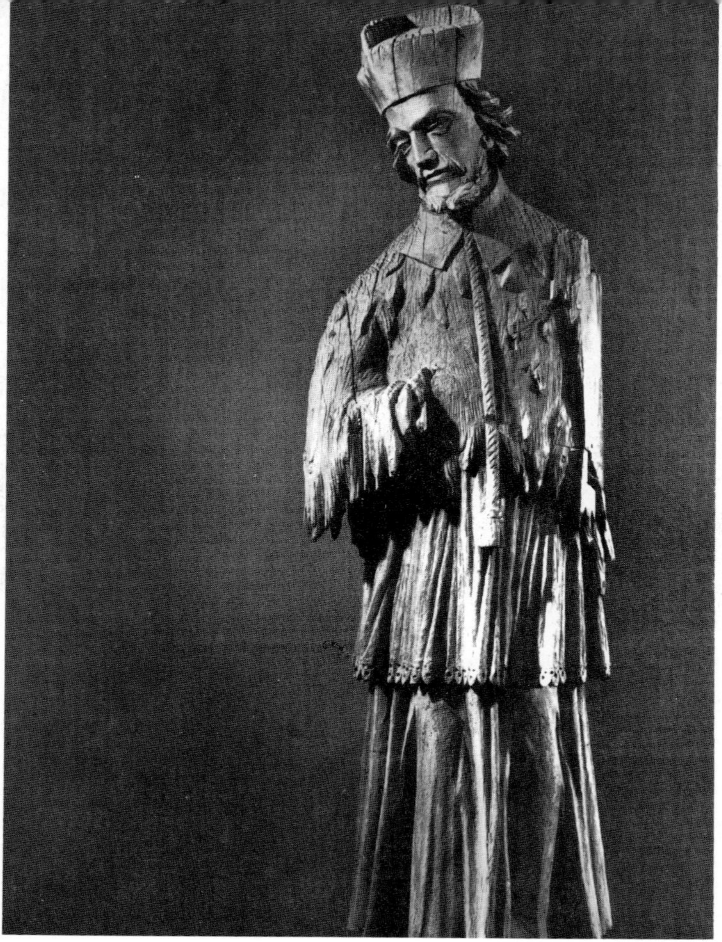

Abb. oben: Istein, Nepomuk; links oben historische Ansicht vom Isteiner Klotzen

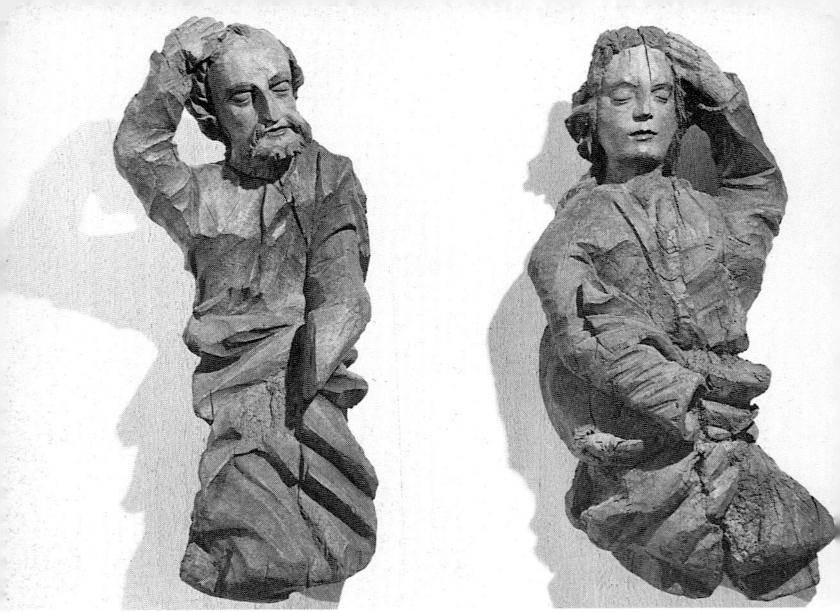

lung, so daß das Hochwasser immer wieder Schäden anrichtete; die Felsklippen brauchten erfahrene und wagemutige Schiffer. Die ursprüngliche Lebensgrundlage, der Fischfang (vor allem der einträgliche Lachsfang), wurde dann durch den Rheinkanal zerstört, der seit 1932 die Wassermassen dem alten Flußbett entzieht. Im Schutz des Klotzen und des Hartberges wurde nun auf den warmen Südhalden umso intensiver Weinbau betrieben, so daß aus dem Fischerdorf ein Rebbauerndorf geworden ist. Der Klotzen selbst *(Stich S. 50)*, im Mittelalter ein mit der Doppelburg des Basler Bischofs bekröntes Naturdenkmal, hat 1409-1411 die ersten Einbußen erlitten: mit den Zerstörungen durch die Basler Bürger, die ihren Bischof nicht mehr als Herrn über ihre Stadt anerkennen wollten. Die Burg wurde nie mehr aufgebaut. – Nach den beiden Weltkriegen mußten jeweils die Befestigungen gesprengt werden, was dem Berg Wunden zufügte; trotzdem ist er mit seiner Flora ein botanisches Märchenland geblieben.

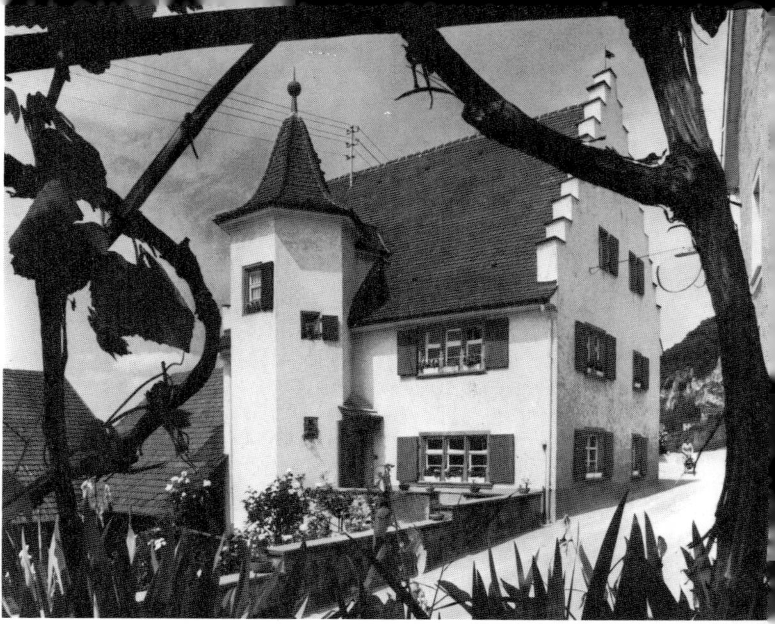

Das Dorf mit seinen ineinandergeschachtelten malerischen Häusern ist für Fremde besonders anziehend. Der Genius Loci war selbst in der wilhelminischen Zeit so stark, daß sich das Schlößle, das ein Sproß des großherzoglichen Hauses für sich gebaut hat, dem Dorfcharakter unterordnet *(Abb. oben)*. Die erhaltenen bedeutenden Barockfiguren in diesem Ort erinnern daran, daß inmitten des evangelischen Markgräflerlandes Istein zu den katholischen Dörfern gehört, die dem Bischof von Basel untertan waren. Die Ölbergfiguren *(Abb. linke Seite)*, Mitte 18. Jh. entstanden, sind heute in der Friedhofkapelle zu sehen. Die Nepomukfigur *(Abb. S. 51)* ist vom gleichen Meister; sie stand ursprünglich am Aufgang zur Vituskapelle, die über dem Dorf am Felsen eingebaut war. Weil der künstlerische Ausdruck der Figur von jeher beeindruckt hat, rankte sich die – unsinnige – Fabel darum, sie wäre in Basel in den Rhein gestürzt und im katholischen Istein wieder an Land gekommen.

Wenn die Kirche von **Blansingen** – Gemeinde Efringen-Kirchen – Arenakapelle des Markgräflerlandes genannt wird, ist dies Ausdruck höchster Wertschätzung durch die Kunstfreunde, die von nah und fern hierherkommen *(Farbb. S. 16)*. Die erzählende Darstellungsweise hat zwar nichts mit Giotto zu tun, aber wie in Padua sind die Kirchenwände so mit Bildern überzogen, daß sie nicht mehr als architektonische Begrenzung wirken. Die Bildfolge weitet den Raum, der gemalte Teppich in der Sockelzone macht ihn festlich, und die bekrönende Zwerggalerie öffnet ihn zum Himmel. Der Gläubige, der nicht lesen und schreiben konnte, war so imstande, die Heilswahrheiten zu erfahren: hier auf der Evangelienseite die Erlösungsgeschichte und auf der Epistelseite die Legende und das Martyrium der Kirchenpatrone Petrus und Paulus *(Abb. rechts)*, dazu in den Fenstergewänden Heilige zum Vorbild und als Fürbitter. Im Westen ist vom Jüngsten Gericht der Höllenrachen erhalten: Es wird in drastischer Weise daran erinnert, daß Hoch und Nieder, Geistliche und Weltliche die gleichen Strafen erwarten. Im Chor konnte die Malerei nicht erhalten werden: Es waren wohl Engel, die den Altar „umstanden". Ein durchdachtes theologisches Konzept mit symbolischem Inhalt ist erkennbar: So wird mit den Triumphbogen die Ordnung des Alten und des Neuen Bundes verbunden; links: Moses erhält die Gesetzestafeln, rechts: Petrus die Schlüsselgewalt. Durch den gemalten Diamantschnitt am Bogen wird dieser Durchgang zum Chor Gleichnis für die Pforte des himmlischen Jerusalems; die Klugen und Törichten Jungfrauen, die als Halbfiguren am Bogen erscheinen, bekräftigen dieses Gleichnis. Gegenüber dem Jüngsten Gericht erscheint übergroß Christophorus – der nicht nur Patron der Schiffer war – als Helfer und Geleiter ans Ufer des Jenseits. Zwei deutlich zu unterscheidende Meister haben gemalt: auf der Evangelienseite ein mehr graphisch ausgerichteter, auf der Epistelseite ein Kolorist. – Da sowohl im Osten der Kirche als auch im Westturm das alte Hachbergwappen vorkommt, das nur bis 1457 benützt wurde, ist hier auch ohne Urkunden eine Aussage über Stifter und Entstehungszeit zu machen. – Die Daten am Turm beziehen sich lediglich auf eine Turmerhöhung. Im Dorf steht ein besonders schöner Brunnen von 1767.

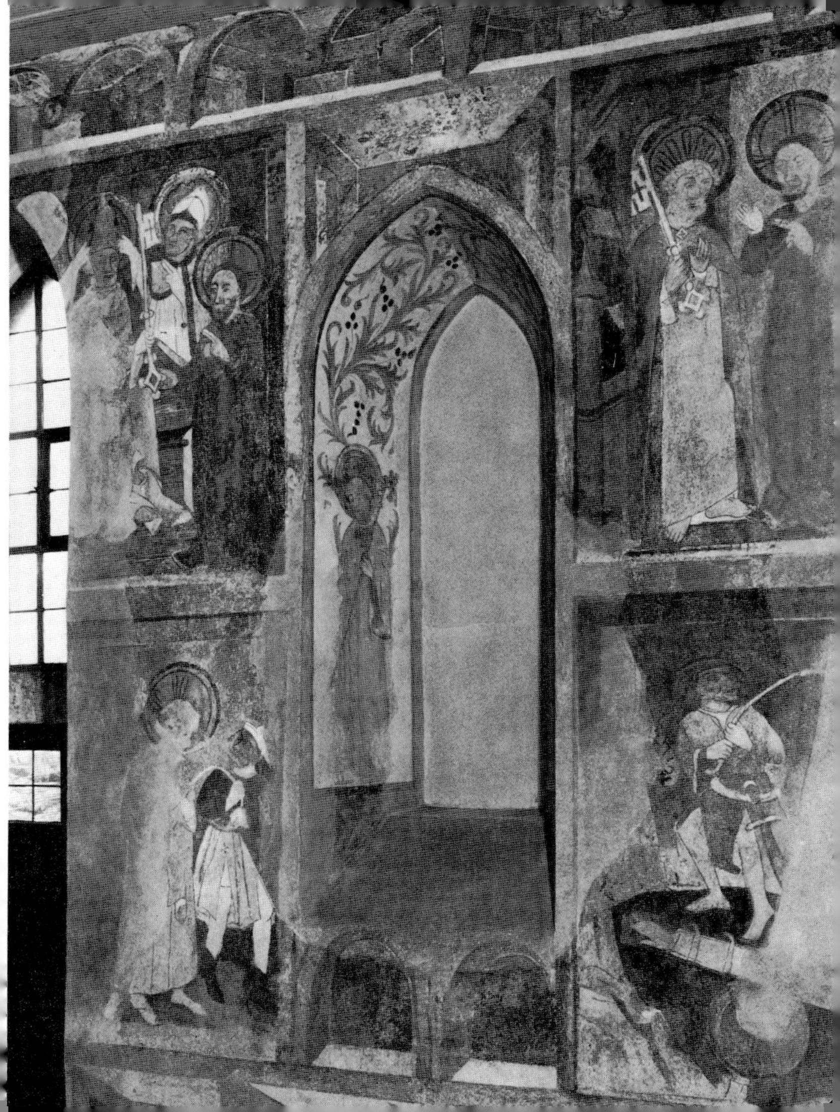

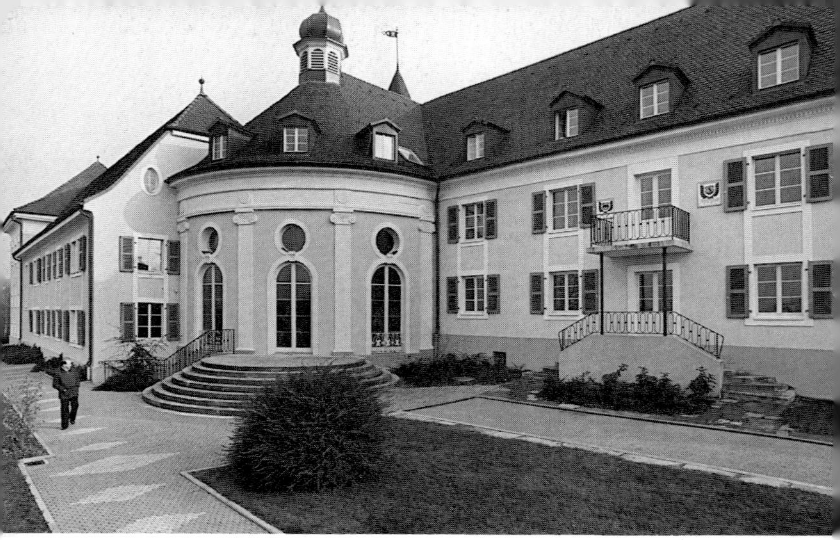

Das ehemalige von Rotbergsche Schloß *(Abb. oben)* in **Rheinweiler** – Gemeinde Bad Bellingen – bietet, hoch über dem Rhein gelegen, einen reizvollen Anblick für den auf der Autobahn Vorbeifahrenden. Dieser Eindruck wird bei einem Besuch bestätigt: Immer wieder mit Geschick verändert, ist die Repräsentanz der Barockzeit gewahrt. Eine Burg muß an der Stelle im 14. Jh. bestanden haben. Seit 1417 war sie im Besitz der Herren von Rotberg. 1678 wurde der damals sicher schon zu einem Schloß umgebaute Besitz durch die Franzosen zerstört. Eine Wappentafel mit der Jahreszahl 1715 am heutigen Schloß dokumentiert den Beginn des Barockbaues. Im 19. Jh. fand ein Umbau statt. 1908 wurden die beiden Wohngebäude durch einen Rundbau in Neobarock verbunden, was dem Baukomplex sehr zum Vorteil dient. Seit 1928, nach Übernahme durch den Kreis Lörrach, ist im Schloß ein Altersheim untergebracht. 1978 fand eine vollständige Renovierung statt.

Allenthalben stößt man noch auf Erinnerungen an die Familie von Rotberg – Leihgaben der früheren Besitzer, die hier in der alten

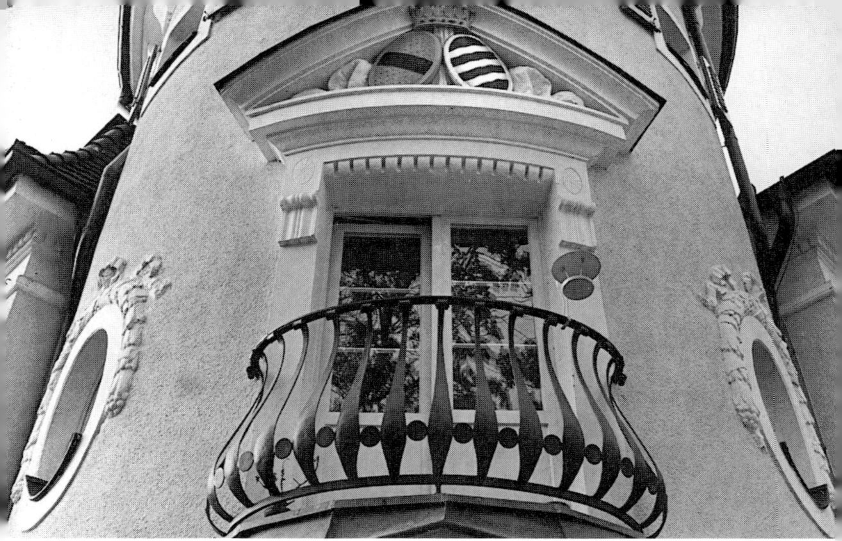

Umgebung am besten zur Geltung kommen und wohl auch bewahrt werden. Gemälde der Ahnen, Ofenplatten, Wappentafeln zieren das Haus. Eine intakte Uhr mit Spielwerk aus Rotberg–Besitz hat im Museum am Burghof in Lörrach seinen gebührenden Platz in der Umgebung anderer Uhren gefunden.

Die Stammburg Rothberg liegt am Blauen bei Mariastein südlich von Basel und wurde durch das große Erdbeben 1356 zerstört. In der Folgezeit erschienen die Rotberger unter dem Stadtadel in Basel und spielten da eine bedeutende Rolle.

Im 15. Jh. saß Arnold von Rotberg auf dem Basler Bischofsstuhl (gestorben 1458), ein Beweis, welch anerkanntes Geschlecht die Herren von Rotberg damals waren. Der Kelch des Bischofs, ein berühmtes Goldschmiedewerk, ist im Historischen Museum zu Basel ausgestellt.

Auf dem Weg nach Bellingen kommt man in **Bamlach** vorbei. In der spätgotischen Turmhalle der Kirche stehen die um 1600 entstan-

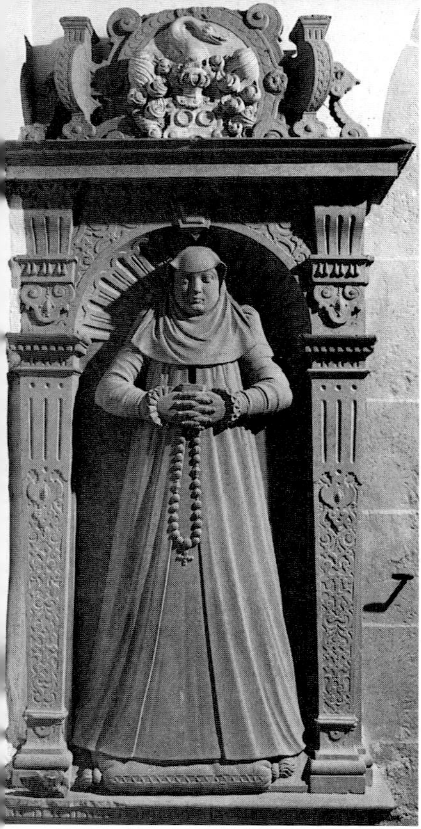

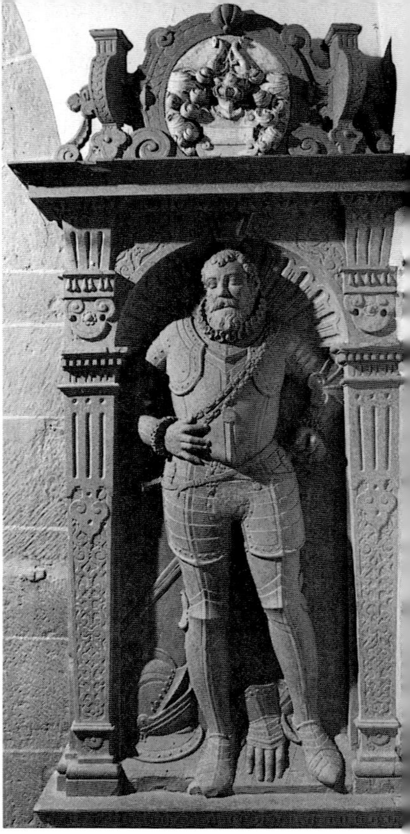

denen Renaissance-Grabmäler von Wolf Sigmund von Rotberg und seiner Gemahlin Esther von Schönau, jeweils mit ihrem Familienwappen *(Abb. oben)*. Da die Markgräfler Dörfer alle im 30jährigen Krieg Zerstörungen erlitten haben, sind diese Renaissance-Bildwerke hier etwas Außergewöhnliches.

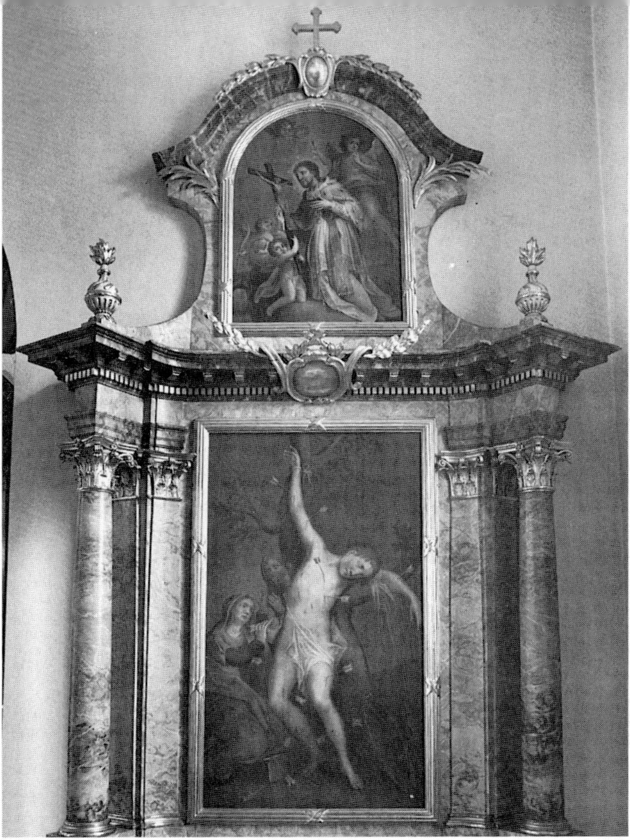

Die schön gelegene Pfarrkirche St. Leodegar in **Bad Bellingen** gehört zu den reizvollsten der Gegend; ist sie doch die einzige, die eine glänzende Louis-XVI.-Ausstattung besitzt. Der Chor wurde in gotischen Formen 1624 gebaut, Langhaus und Turm 1782 erneuert. Aus der älteren Kirche sind zwei Altarblätter von Jakob Pellandella übernommen *(Abb. oben: das Martyrium des hl. Sebastian),* die neben den neuen Bildern des Simon Göser nichts von ihrer Wirkung einbüßen.

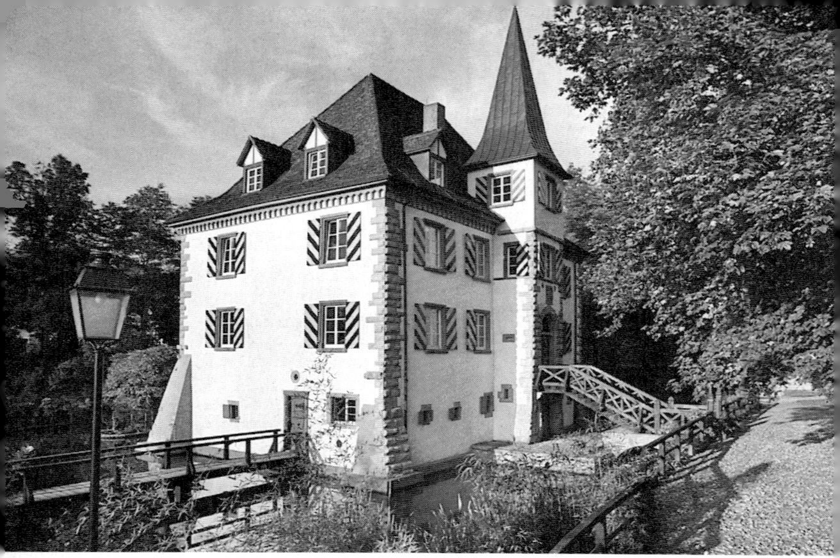

Schliengen ist im Kern ein Weinbauerndorf mit hübschen alten Häusern und zwei markanten Baukomplexen:

1. Kirche und Pfarrhaus, die über eine breite Treppe mit repräsentativem Torbogen erreicht werden, bilden mit dem Dorfbrunnen ein barockes Ensemble *(Abb. rechts)*. Die Kirche ist ein Neubau von 1753, der leider den mittelalterlichen Turm ummantelt. Im Turminnern sind jedoch drei mittelalterliche Fenstergeschosse sichtbar; das unterste mit gekoppelten romanischen Säulchen, im zweiten spitzbogige Öffnungen mit Farbwechsel der Hausteine; das dritte Geschoß hat ein zierliches frühgotisches Maßwerkfenster. In dem weiten Saalbau,der seit der Liturgiereform seines optischen Akzentes, des Hochaltares, beraubt ist, stehen auf einem Seitenaltar die bedeutendsten Rokokofiguren der Gegend, eine hl. Barbara und eine hl. Katharina *(Abb. S. 62)* von einem Wenzingerschüler. An den Wänden hängen große Tafelbilder mit Stifterwappen (um 1680) aus dem Dom zu Arlesheim, die 1760 hierher kamen – eine Erinnerung daran, daß Schliengen bischöflich baslerisches Territorium war. Einer der

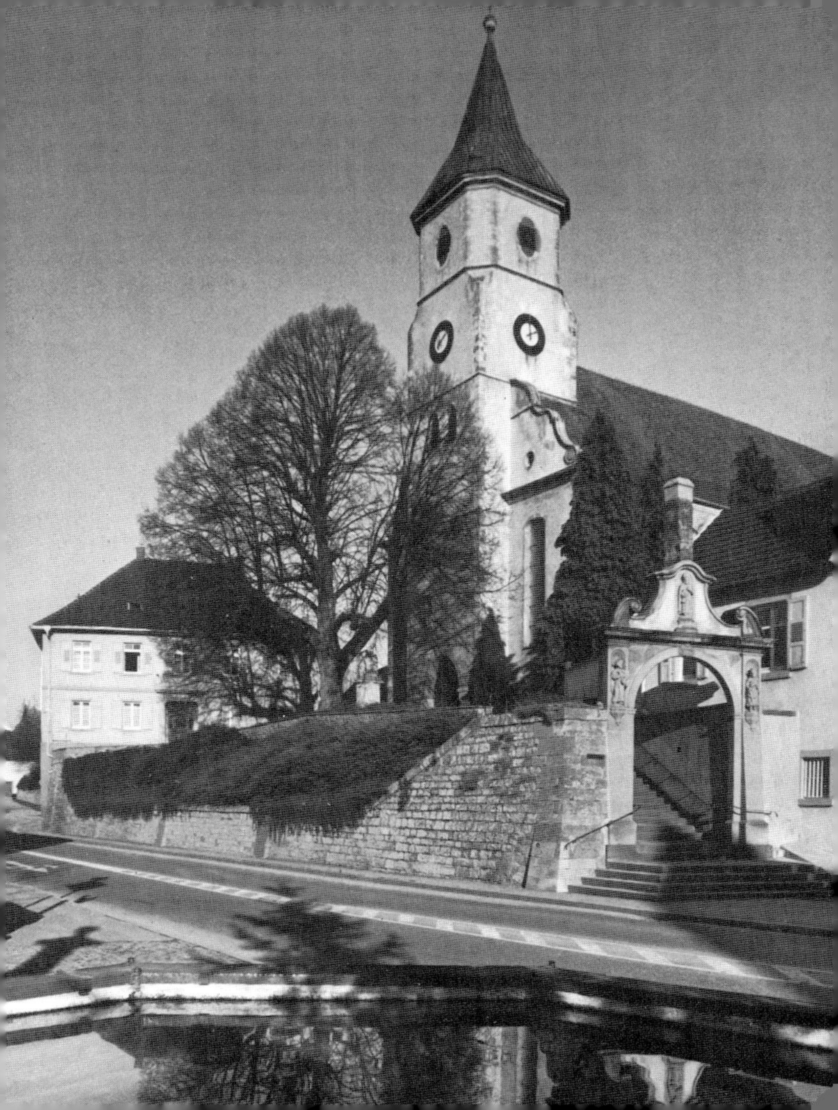

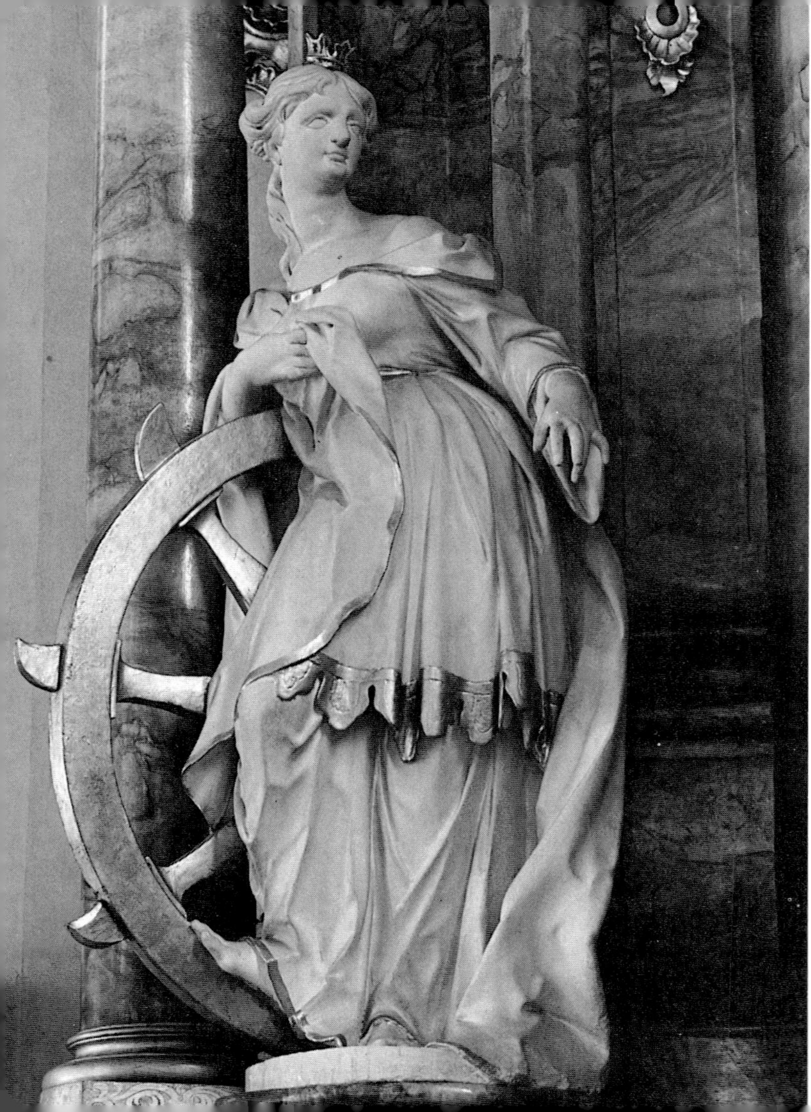

hiesigen Pfarrherren war der berühmte Begründer der 1. Markgräfler Winzergenossenschaft in Schliengen (1908), Leonhard Müller.

2. Das Andlau-Schlößle *(Abb. S. 60)*, wie Schloß Entenstein von den Einheimischen genannt wird – so die Erinnerung an das alte nun erloschene Adelsgeschlecht wachhaltend: Es ist wohl im 16. Jh. auf seine jetzige Größe ausgebaut worden. Während es Sitz des bischöflichen Landvogtes war (1719-1802), wurde es dem Zeitgeschmack angepaßt und der Park im französischen Stil angelegt. Mit der napoleonischen Neuordnung kam es in den Besitz der Grafen Andlau, heute ist es Rathaus.

Liel – Gemeinde Schliengen – bewahrt in seinem schönen Dorf bemerkenswerte historische Denkmäler, die mit den Herren von Baden in Verbindung stehen. Sie waren Ministeriale der Zähringer und nannten sich nach der Burg Baden, dem heutigen Badenweiler. Seit Mitte des 15. Jh. waren sie Grundherren in Liel. Westlich der Kirche lassen sich noch in der Wiese die Umrisse ihrer einstigen Wasserburg erkennen. Von der mittelalterlichen Kirche ist der Turm erhalten. Die Turmhalle *(Farbb. S. 17)* öffnet sich nach Osten zur Grabkapelle der Ortsherren. Die original bemalte spätgotische Holzdecke ist in der Gegend die einzige erhaltene. Das Heilige Grab unterscheidet sich von den übrigen im Markgräflerland: Zu den drei Frauen am Grab ist Maria und Johannes Ev. hinzugekommen, eine rational nicht verständliche Ikonographie, die aber auch bei Heiliggrabschreinen vorkommt. Barocke Epitaphe und neugotische Fensterscheiben mit dem Wappen der Herren von Liel bekunden die Verbundenheit des Geschlechtes mit der Kirche. – Das Barockschloß, um die Mitte des 18. Jh. erbaut, dürfte der zweite Bau an der Stelle sein, denn schon 1560 hat Hans Baltasar von Baden die Quelle neben dem Schloß gefaßt, die heute als Lieler Schloßbrunnen auf den Tisch kommt.Im Markgräflerland ist dieses repräsentative Herrenhaus das einzige in der Barockzeit erbaute. Die vornehmen Proportionen mit dem betonten Mittelrisalit, an dem das Doppelwappen derer von Baden und Rotberg prangt, haben schon an Johann Caspar Bagnato als Architekten denken lassen.

Abb. links: Die Kirche in Schliengen, hl. Katharina

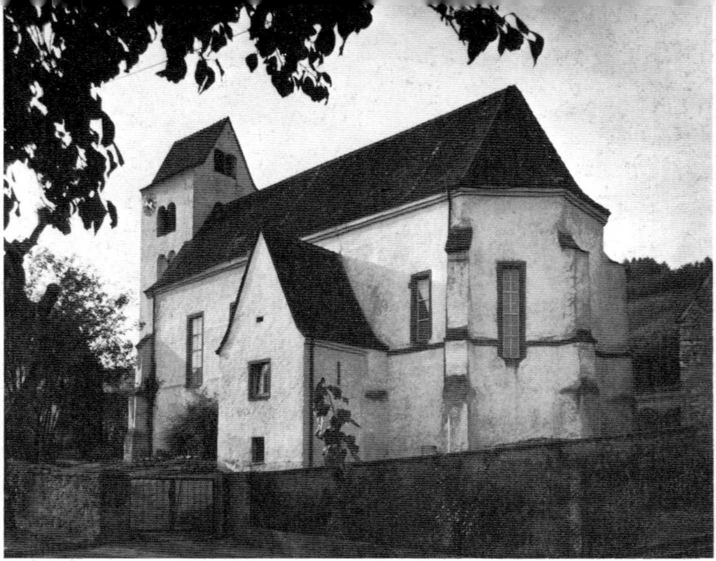

Die Kirche in **Niedereggenen** *(Abb. oben)* – Gemeinde Schliengen – hat durch das besondere Interesse des Markgrafen an dem Ort 1429 einen Umbau mit mehr Aufwand als üblich erfahren. Durch Vermittlung des Bruders von Markgraf Wilhelm, des Bischofs Otto von Konstanz, kam die damals den hll. Barbara und Cyriak geweihte Kirche in den Genuß eines päpstlichen Ablasses. In dessen Folge entstand ein neuer gewölbter Chor mit Sakristei, und das Langhaus wurde erweitert. Der alte Turm im Westen blieb stehen; er ist einer der ältesten im Lande, noch ohne Eckquader, die seit dem 13. Jh. in der Gegend üblich waren. Der besondere Schmuck der Kirche sind die Wandmalereien. Im Langhaus wurden sie bei der jüngsten Renovierung der Kirche (1971) freigelegt; sie haben die zarten Originalfarben bewahrt, während im Chor bei der Freilegung um 1900 noch nicht so schonungsvoll umgegangen wurde. – Im Langhaus wird, ganz oben an der Nordwand im Westen beginnend, die Schöpfungsgeschichte dargestellt. Am Triumphbogen die Verkündigung an Maria, der Beginn des Neuen Bundes. In der Fensterzone ist die Erlösungsgeschichte

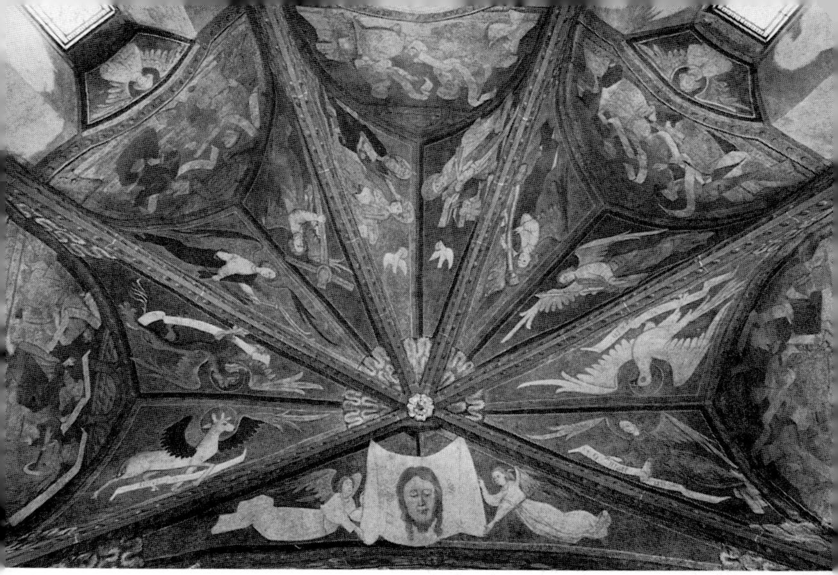

ausgebreitet, wieder hinten an der Nordseite beginnend. Im Gegensatz zu dieser erzählenden Darstellung der Heilslehre ist die Darstellungsweise im Chor symbolhaft *(Abb. oben)*. Die „Leidensgeschichte" im Gewölbe wird durch Marterwerkzeuge angedeutet; Christus am Kreuz ist Teil eines „Gnadenstuhles", wie dieses beliebte Bild der Dreifaltigkeit genannt wird, bei dem Gottvater den Gekreuzigten hält und über beiden die Geisttaube schwebt; daneben die Aufnahme Mariens in den Himmel, stellvertretend für die unerlöste Menschheit anstelle eines Jüngsten Gerichtes. Ebenfalls in den Gewölbezwickeln erscheinen die Symbole der Evangelisten, der Verkünder eben dieser Heilswahrheiten. In den Bogenzwickeln sitzen die 12 Ältesten des Alten Bundes. Die Komposition ist nach einheitlichem theologisch durchdachtem Plan ausgeführt, den der Stifter Markgraf Wilhelm (klein, knieend im Chorgewölbe) von seinem gelehrten Bruder, dem Bischof, erhalten hat. Vom ehemaligen Hochaltar ist die Predella erhalten.

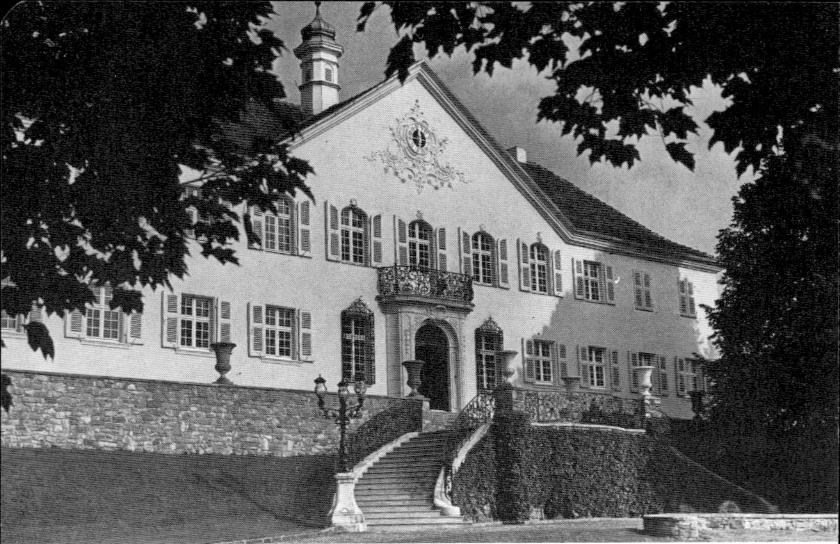

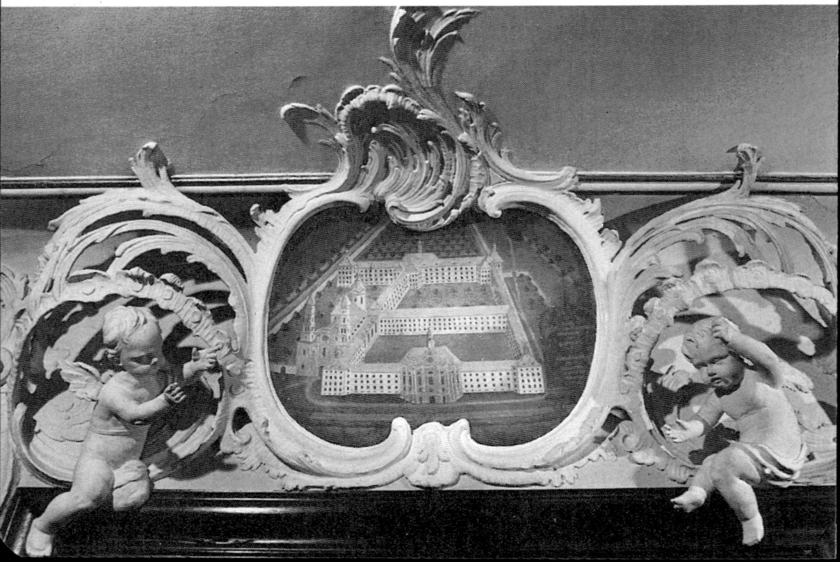

Schloß **Bürgeln** *(Abb. links)* – Gemeinde Schliengen – dessen zauberhafte Lage schon von J. P. Hebel besungen wurde, liegt auf einem Südausläufer des Blauenmassivs; zu Füßen dehnt sich die wellige Obst- und Reblandschaft, der Blick gleitet bis in die Vogesen. Wahrscheinlich war an dieser von der Natur begünstigten und geschützten Lage schon in Vorzeiten eine befestigte Siedlung. Im 12. Jh. gründeten hier die Edlen von Kaltenbach eine klösterliche Niederlassung, die sie an St. Blasien übergaben samt ihrem Besitz, der sich südlich des Blauens ausdehnte. So entstand eine St. Blasianische Propstei, die dann in der Barockzeit den gefürsteten Äbten zum Refugium diente, wenn sie dem Hofzeremoniell entfliehen wollten. Heute präsentiert sich das Schlößchen als vollendete Rokokoschöpfung. Die dreiflügelige, zweigeschossige Anlage wurde 1908 zum Geviert umgebaut, und 1920 wurde die Schauseite bereichert durch einen Balkon und eine doppelläufige, sanftgeschwungene Freitreppe, die in den Park übergeht, dessen erlesene Bäume an dem nach Norden geschützten Fleck besonders prächtig gedeihen. Auf kleinem Grundriß wird im Innern der Zeitgeschmack perfekt verwirklicht. Im Neubau von 1762, unter Propst Aloys Mader durch Bagnato ausgeführt, sind trotz der verschiedenen Fährnisse in unserem Jahrhundert noch Köstlichkeiten zu bewundern: wie der Fest- und Musiksaal, dessen Wände vollständig mit Ölgemälden bedeckt sind, oder die Supraporte mit der wertvollen Darstellung des Klosters St. Blasien kurz vor dem großen Brand 1768 *(Abb. links)*; oder die drei Zifferblätter mit einem gemeinsamen Triebwerk. – Die Kapelle ist ein graziöser Louis-XVI.-Raum. Auf der Grabplatte von Propst Martin Gleichauf, gestorben 1595, ist dessen Kirchenerneuerung festgehalten.

Seit 1920 ist Bürgeln Eigentum des zur Rettung des Schlosses gegründeten Bürgelnbundes; in Kommerzienrat Schichler zog als Mieter ein Schloßherr ein, der verständnisvoller Hüter und Mehrer des historischen Ortes wurde. Erst nach seinem Tod 1957 traten erneut Schwierigkeiten auf; nur mit großem Einsatz auch des Staates kann dieses Juwel des Markgräflerlandes auf die Dauer erhalten werden. Jetzt finden in den stimmungsvollen Räumen Empfänge, kleine Tagungen und Konzerte statt.

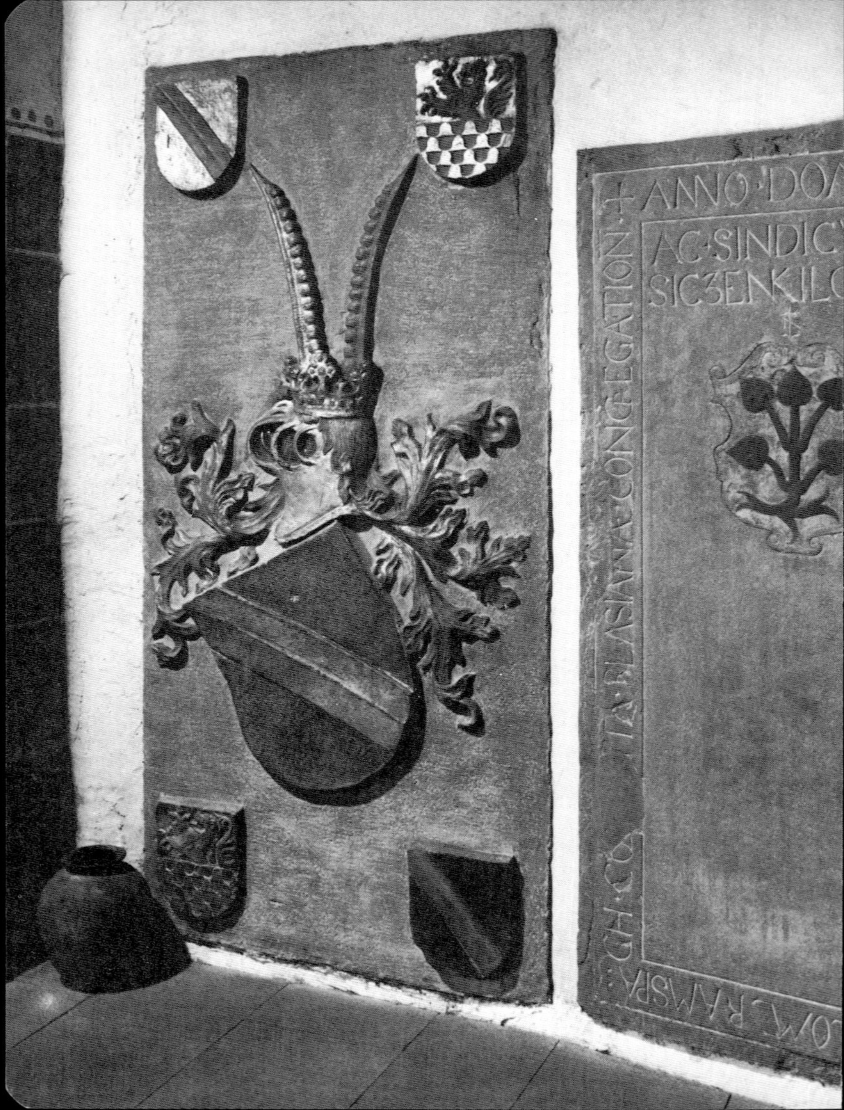

ANNO·DOM
AC·SINDICV
SIC3ENKILC
TA·BLASIANA·CONGREGATION

Die kleine Kirche von **Sitzenkirch** – Gemeinde Kandern – zu Füßen von Bürgeln birgt ein heraldisches Kunstwerk, den Grabstein des 1384 verstorbenen Markgrafen Otto von Hachberg mit dem Rötteler und Hachbergwappen *(Abb. links)*. Die gute Erhaltung ist besonders wertvoll, weil die gleichzeitigen Hachberger Wappen in Schopfheim und auf Rötteln dem Verfall entgegengehen. In ihrer Bausubstanz stammt die Kirche noch aus romanischer Zeit und gehörte auch zu einer klösterlichen Stiftung der Herren von Kaltenbach. Der Sage nach haben hier die Damen der Familie ein klösterliches Leben geführt, nachdem der Besitz an St. Blasien übergegangen war.

Von Sitzenkirch gelangt man in wenigen Autominuten hinunter zur Töpfer- und Brezelstadt **Kandern.** Die heimelige Atmosphäre einer Landstadt ist hier erhalten, wenn auch in unserm Jh. eine große Ziegelfabrik das Hafnerhandwerk abgelöst hat und die Brezeln in der Fabrik hergestellt werden. Beim Gang durch das Städtchen sieht der Gast jedoch handwerklich gearbeitete Töpferware angeboten, vom einfachen Bauerngeschirr bis zur Keramik von höchster künstlerischer Qualität. Die nun schon 100 Jahre währende Tradition ist weltweit bekannt geworden durch die international berühmten Keramiker Max Laeuger (dessen künstlerische Anfänge in Kandern liegen), Richard Bampi und dessen Schüler Horst Kerstan. Im Heimatmuseum vertreten sind auch alle anderen Kanderner Ateliers, wo bei der Gegenüberstellung die Eigenart jedes dieser Kunsthandwerker abzulesen ist.

Der Blumenplatz *(Abb. S. 70)* mit seiner reizvollen Biedermeierumbauung, angelegt ab 1837 wegen des Viehmarktes, ist wohl am auffälligsten; es sind aber noch einige schöne Akzente mehr erhalten: hinter dem Platz das alte Rathaus, die Fischermühle und der Storchen. In der Hauptstraße einige gotische Häuser, eines mit Staffelgiebel; weiter aufwärts am „Ochsen" vorbei das ehemalige markgräfliche Jagdschloß, heute staatliches Forsthaus, 1589 erbaut, auch im Innern noch im originalen Zustand erhalten mit eichenen Stützen und Unterzügen. Vorbei an einigen gut renovierten barocken Anwesen gelangt man zum ältesten Gasthaus in Kandern, zur „Weserei",

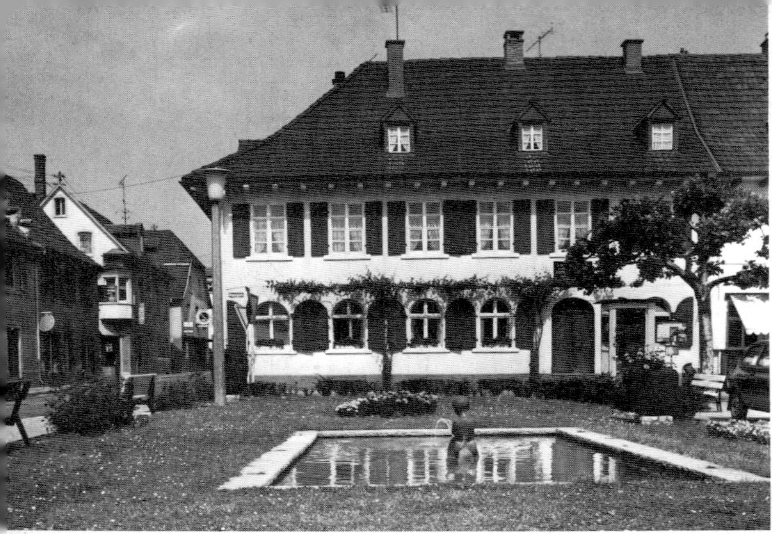

wo einst die markgräflichen Bergleute verköstigt wurden. Von den einst blühenden Eisenwerken sind Erinnerungen geblieben in Eisengrabsteinen auf dem Friedhof und in Gebrauchsgegenständen im Museum. Die heutige Stadtkirche *(Abb. rechts)* auf sehr altem geweihtem Boden wurde nach der Stadterhebung 1810 in Angriff genommen. Entsprechend der neuen Bedeutung des Ortes wurden die Pläne vom großherzoglichen Baudirektor Friedrich Weinbrenner gemacht. Das 1827 geweihte Gotteshaus ist eine besonders schöne Weinbrennerkirche geworden, die bis heute nicht durch eine „Modernisierung" beeinträchtigt wurde. Eine interessante Sammlung von Epitaphien aus dem 17. Jh. ist vom Kirchhof in die Kirche hereingenommen worden.

Das Heimatmuseum ist in einem repräsentativen Staffelgiebelhaus des 16. Jh. untergebracht; da ohne Wappen, ist nicht festzustellen, welcher Verwalter der im Ort begüterten Herrschaften und Klöster hier residierte. Das Töpferhandwerk in allen seinen Zweigen

Abb. oben: Kandern, der Blumenplatz

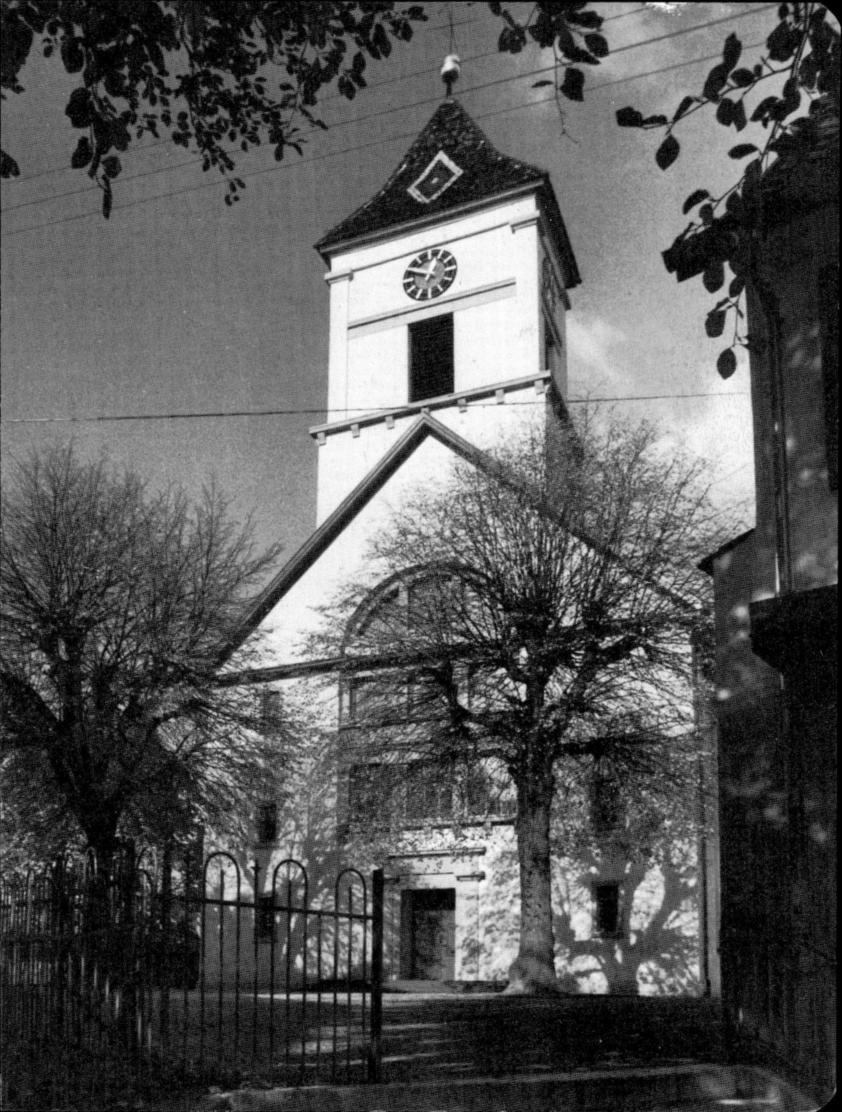

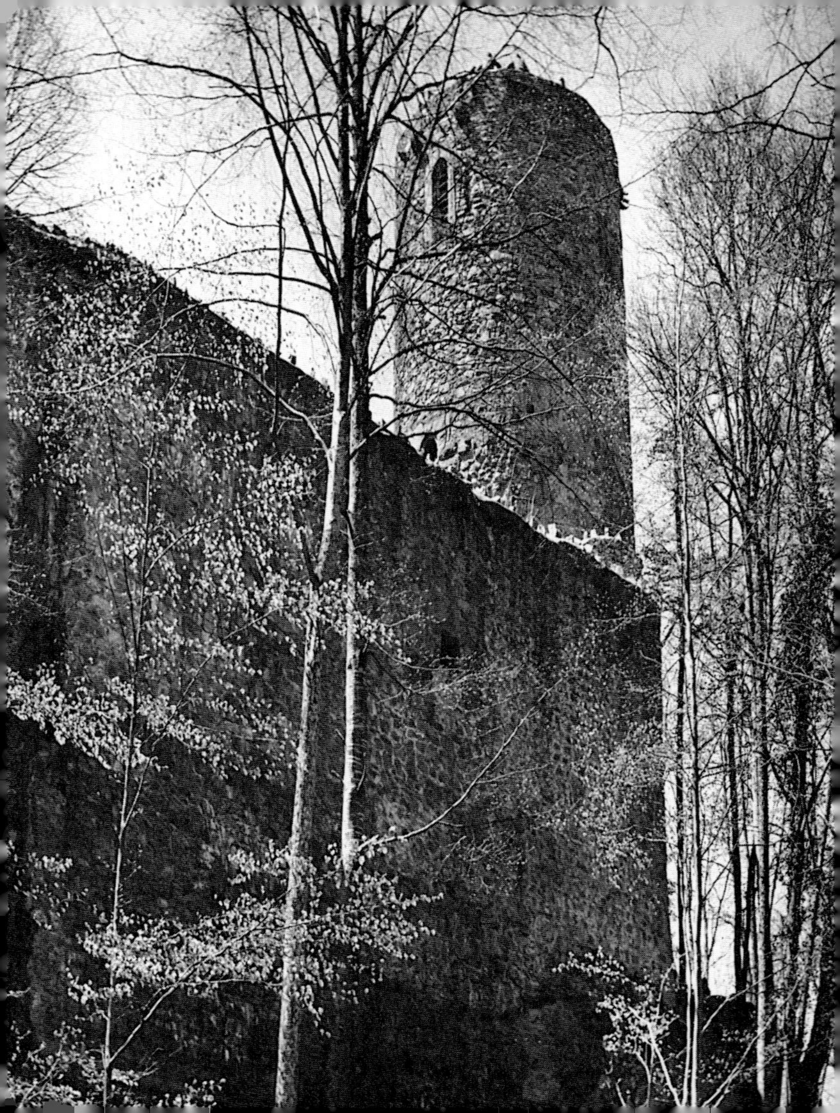

vom 16. Jh. bis heute – Ziegel, Ofenkacheln – bildet den Schwerpunkt der Sammlung. Auch das Handwerk des Eisengusses ist mit interessanten Beispielen vertreten vom Schreibzeug bis zum Waffeleisen. Für Freunde des „Blauen Reiters" sind die Spuren von August Makke interessant. Seine Schwester war mit dem Kronenwirt verheiratet und hatte die Mutter bei sich aufgenommen – so gab es immer wieder Besuche des Künstlers in Kandern, die für ihn prägend waren; er schrieb aus K. „aus der herrlichsten Naturschlemmerei".

Zwei weitere Namen sind zu erwähnen: August Kußmaul, später auf dem Freiburger internistischen Lehrstuhl, war als junger Landarzt einige Jahre hier, es hatte ihn als Militärarzt hierher verschlagen. Johann August Sutter, Sohn des angesehenen Papiermeisters in Kandern, brachte sein gescheitertes bürgerliches Leben hinter sich durch Auswanderung nach Kalifornien, wo er als erfolgreicher Kolonisator den Ehrentitel „Kaiser von Kalifornien" erhielt.

Das Gebiet des **Sausenberges,** von Kandern talaufwärts, gelangte im Tausch mit St. Blasien 1232 an den Markgrafen Hermann von Hachberg. Die Sausenberger Linie residierte auf der neu errichteten Burg *(Abb. links)* nur bis 1315; nach der Erbschaft der Herrschaft Rötteln zogen sie auf die größere Burg im Wiesental. Auch hier war 1678 das Jahr der Zerstörung.

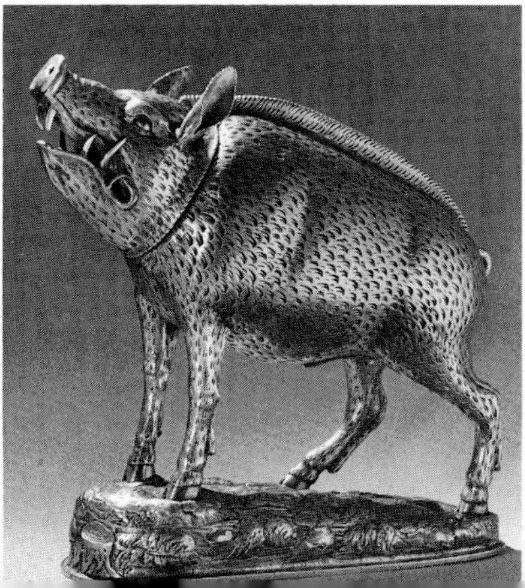

„Die Goldene Sau von Kandern", früher im Kanderner Jagdschloß aufbewahrt, wurde prominenten Gästen zum Empfang als Trinkgefäß gereicht. Margraf Georg Friedrich hatte sie zur Erinnerung an besonderes Jagdglück 1605 vom Augsburger Goldschmied B. Lerff anfertigen lassen (Kopie im Kanderner Museum, *Abb. rechts).*

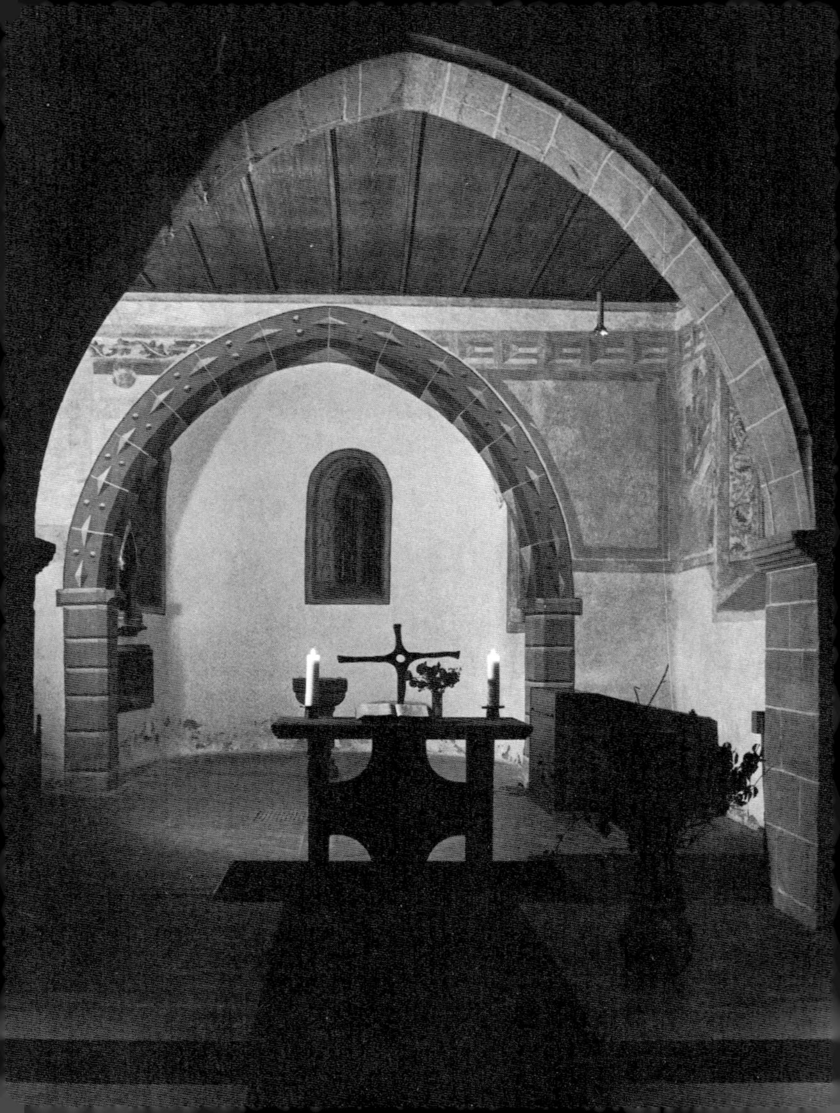

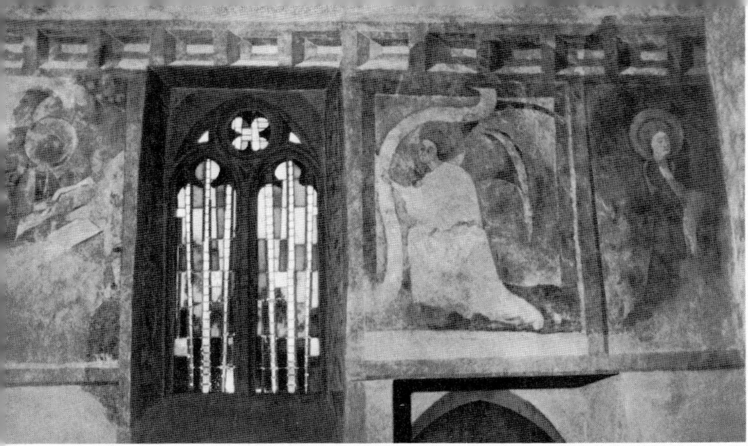

Am Ende des Tales liegt das Dorf **Kaltenbach,** wohl der Stammsitz des gleichnamigen Geschlechtes. Der Kirchturm ist einer der ältesten im Markgräflerland.

Die äußerlich unscheinbare Kirche in **Riedlingen** – westlich von Kandern – birgt einige Sehenswürdigkeiten. Da der mittelalterliche Chor wegen des ansteigenden Geländes nicht nach Osten vergrößert werden konnten wurde ein Teil des Langhauses in den Chor einbezogen und ein zweiter Triumphbogen errichtet *(Abb. links)*. Bei Verlängerung des Schiffes wurde der schadhafte Turm im Westen abgetragen; für das Markgräflerland reichlich merkwürdig, haben doch alle Dorfkirchen ihren Turm! Im alten Chor befindet sich ein spätgotisches für das Markgräflerland typisches Heiliges Grab mit Sakramentsschrein mit den Wappen des Markgrafen und der Heitersheimer Johanniter. Ein Grabstein (falsch aufgestellt), durch den Kelch als Priestergrabmal gekennzeichnet, stammt auch aus mittelalterlicher Zeit. Im jetzt zum Chor gehörigen früheren Langhaus ist die spätgotische Ausmalung teilweise erhalten: auf der Nordwand eine sehr originelle Judaskußszene, auf der Südwand eine Verkündigung an Maria und Teil einer Heimsuchung *(Abb. oben)*. Die personifizierte Ecclesia am alten Triumphbogen, eine gekrönte Frau mit Kelch und Kreuz, ist besonders interessant.

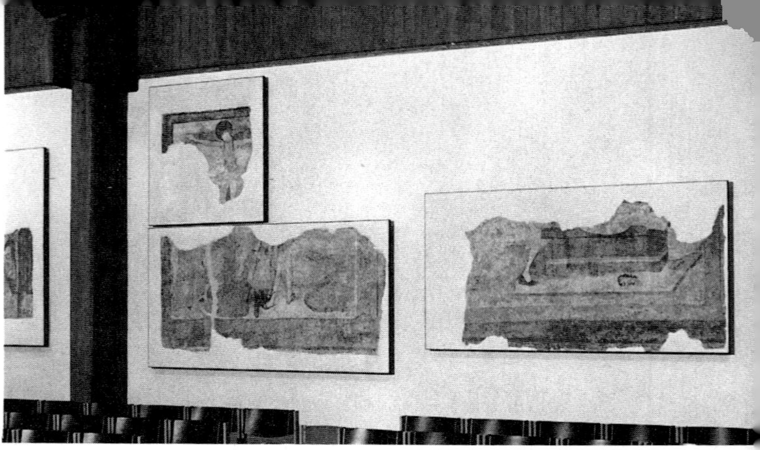

Tannenkirch – Gemeinde Kandern –, vom Dichter Hermann Burte wegen seiner reizvollen Lage als eines der sieben Wunder der Heimat besungen, ist auch für Kunstfreunde ein Anziehungspunkt. An den mittelalterlichen Chorturm wurde 1972 eine moderne Gemeindekirche angebaut, was Stürme der Entrüstung und der Begeisterung hervorrief. Heute würde man das alte Kirchenschiff nicht mehr abreißen, aber nun steht die Architektur der 70 er Jahre: eine Aussage ihrer Zeit, der man geglückte Anpassung und Funktionsrichtigkeit nicht absprechen kann. Im gotischen Chorturm *(Abb. rechts)* sind die Wände mit spätgotischen Bildern überzogen; besonders einfallsreich sind die Szenen des Marienlebens im oberen Teil – unten sind die Apostel zu erkennen. Am Triumphbogen auf der Langhausseite sitzt an zentraler Stelle Christus als Weltenrichter. Eine besondere Leistung modernen Restauratorenarbeit sind die im neuen Raum aufgehängten Fragmente aus der alten Kirche: Szenen der Leidensgeschichte darstellend. Sie wurden von ihrem ursprünglichen Grund abgelöst und neu aufgezogen *(Abb. oben)*. Auch hier muß ein einfallsreicher Meister am Werk gewesen sein.

Wenn die Fahrt von Tannenkirch in Richtung vorderes Kandertal geht, liegt **Holzen** am Weg. Der einladende Ort hat heute im Stor-

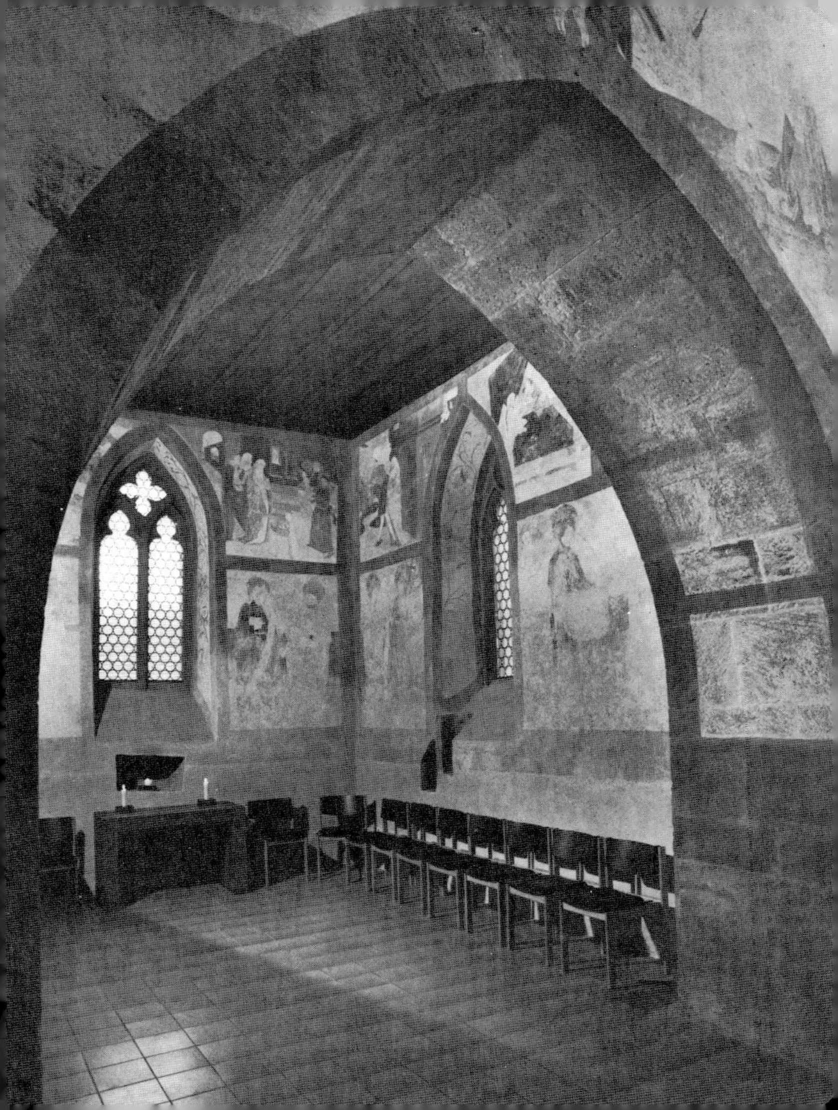

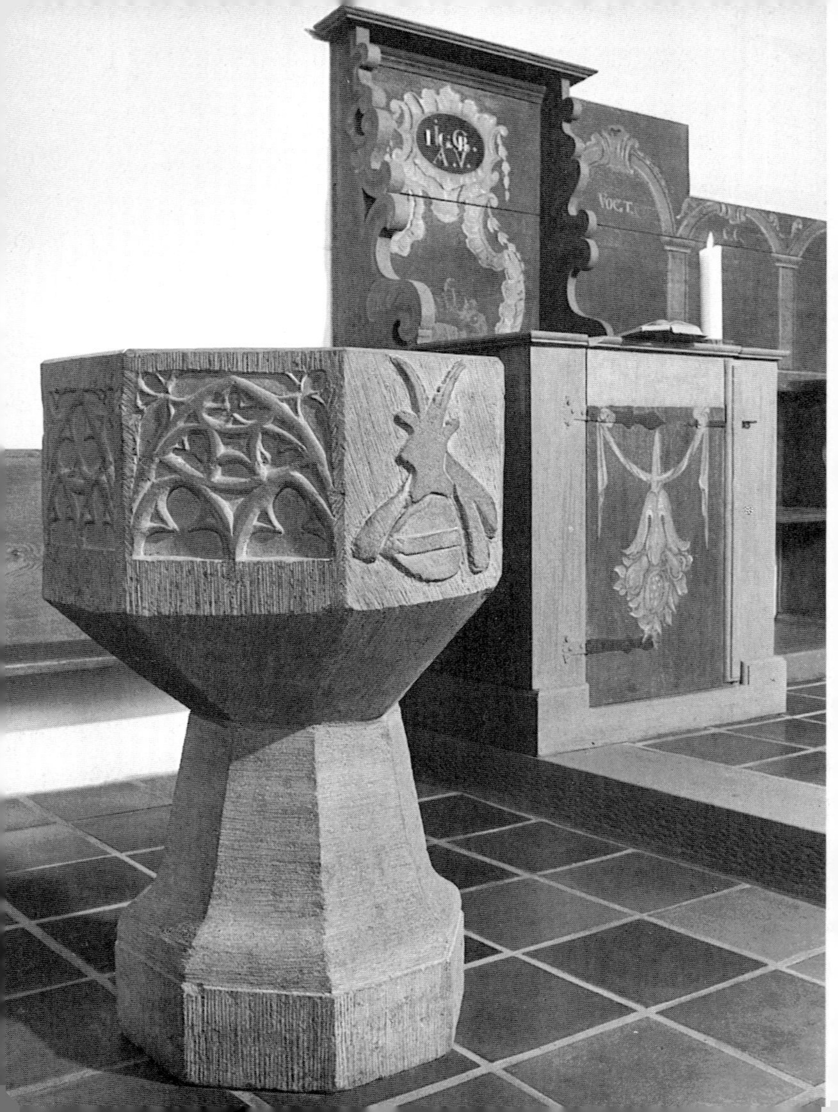

chengehege seine Attraktion, aber auch der Turm, auf dem die Störche früher nisteten, ist eines Blickes Wert: Nirgends sonstwo außer auf Rötteln sind mittelalterliche Bossenquader verwendet. Im Innern Reste von qualitätvoller spätgotischer Wandmalerei.

In **Wollbach** – Gemeinde Kandern – ist die Atmosphäre der Dorfkirche durch eine Renovierung mit viel Gefühl wieder hergestellt. Die ursprüngliche Empore, die auf einer Seite weit nach vorn reicht, die Holzdecke und die Wandmalerei aus dem 18. Jh. setzen Akzente, so daß die anspruchsvollen neuen Fenster (von Valentin Feuerstein, Neckarsteinach) nicht zu stark wirken. Eine Stiftungstafel mit Datum 1594 gibt die Turmerneuerung an. Außen an der Nordwand ist vom früheren Sakramentsschrein ein Fragment eingemauert, auf dem „das Schweißtuch der Veronika" sichtbar ist.

Im Nachbardorf **Wittlingen** birgt die 1774 geweihte Kirche einen stilvollen Louis-XVI.-Raum, der mit seinen doppelten Emporen den Bedürfnissen des evangelischen Gottesdienstes besonders entgegenkommt. Die Pläne lieferte Wilhelm Jeremias Müller, der nach dem Wittlinger Vorbild dann in Karlsruhe die Kleine Kirche gebaut hat. Der Turm öffnet sich in einem weiten Bogen zum Kirchenraum, dessen behauene schöne große Steine von der alten Michaelskirche übernommen worden sein müssen; denn 1735 sind sie schon Landvogt Leutrum aufgefallen.

Die **Schallbacher** Kirche wurde bei Beibehaltung des spätmittelalterlichen Turmes 1743 unter Markgraf Karl August neu aufgebaut. Durch zierliche Profile, Lisenen und Fensterformen hat sie ein graziöses rokokohaftes Äußeres. Im Raum ist noch die alte Empore, hübsches geschnitztes Gestühl – für Vogt, Stabhalter – und die Kanzel mit reich verziertem Schalldeckel aus der gleichen Zeit erhalten. Leider ist durch Versetzen der Orgel mit ihrem kunstvollen Prospekt die ursprüngliche Raumwirkung verloren. Ein sehr gut erhaltener Taufstein mit reicher Maßwerkverzierung und mit dem Wappen Rudolfs III. wurde aus der mittelalterlichen Kirche bewahrt *(Abb. links)*. Offensichtlich war es eine Stiftung des Markgrafen aus der Zeit 1410-28.

Müllheim, Stadt zwischen Wald und Reben, wie sie treffend genannt wird, hat für Ortskundige einen guten Klang im Zusammenhang mit Markgräfler Wein. Wer die alemannischen Gedichte J. P. Hebels kennt, verbindet damit auch das heutige Hotel Restaurant „Alte Post", wie die Relaisstation für Postwagen schon früher hieß: „Z' Müllen an der Post.....". Weinbau- und Heeresgeschichtskundige denken an den Namen Blankenhorn. Anzufügen ist, daß nicht nur die berühmten Männer dieses verzweigten Müllheimer Geschlechtes in die Geschichte eingegangen sind: Den Frauen dieser Familien verdankt Müllheim soziale und kulturelle Einrichtungen. Auch einige der für Müllheim typischen Herrenhäuser sind mit dem Namen verbunden; so in der Werderstraße der „Lindenhof" von 1762 mit der großen Toreinfahrt unter dem Wohngebäude hindurch *(Abb. rechts oben, heute Winzergenossenschaft).*

Müllheim wird schon 758 urkundlich erwähnt, als ein Franke seinen Besitz an St. Gallen schenkt; so war auch die Kirche dem Frankenheiligen Martin geweiht. Nur der untere Teil des Turmes ist aus dem Mittelalter erhalten, in dessen tonnengewölbtem Durchgang Fresken zu sehen sind: mit der Darstellung des Jüngsten Gerichtes *(Abb. rechts unten).* Auf der einen Seite werden die Seligen von einem Engel durch einen Kathedraleneingang in das himmlische Jerusalem geleitet – daneben ist durch Abrahams Schoß der Zustand der Seligkeit verdeutlicht. Auf der anderen Seite quälen sich die nackten Verdammten auf den Posaunenstoß hin aus ihren Gräbern und werden vom Erzengel Michael in den Höllenrachen gedrängt. Der Rankenfries ist ein staufisches Motiv, die Schildformen weisen in das 14. Jh. Die Malerei wird in der 1. Hälfte des 14. Jh. entstanden sein. – Der Kirchenraum, jetzt Fest- und Konzertsaal, ist in jüngster Zeit mit viel Aufwand und Geschmack renoviert worden; dekorative Malerei um 1600, Renaissance- und Rokokograbmäler zieren die Wände. Eine offen gelassene Grabungsstelle, in der römische Mauerzüge zu sehen sind, liefert einen Beleg mehr, daß in dieser Gegend die christlichen Kirchen über früheren römischen Siedlungen gebaut wurden.

1698 wurde Müllheim Marktort, und 1727 kam der markgräfliche Amtssitz von Badenweiler hierher; das brachte repräsentative Bau-

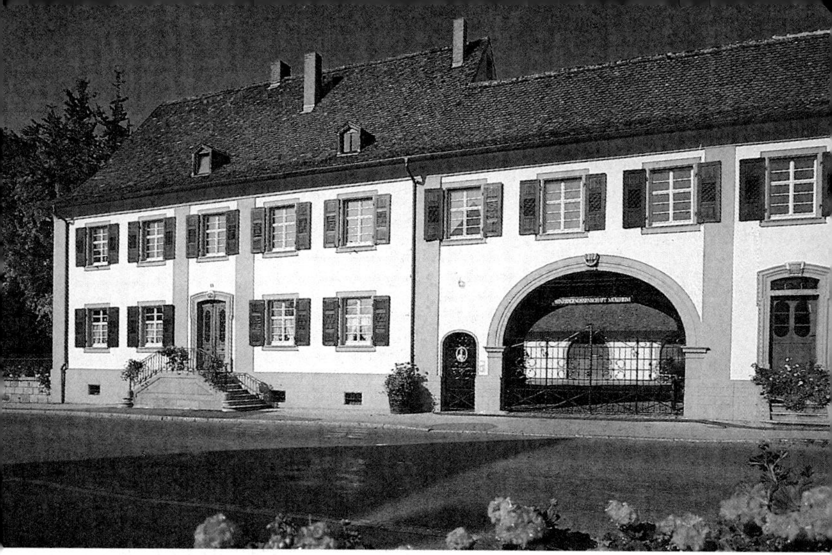

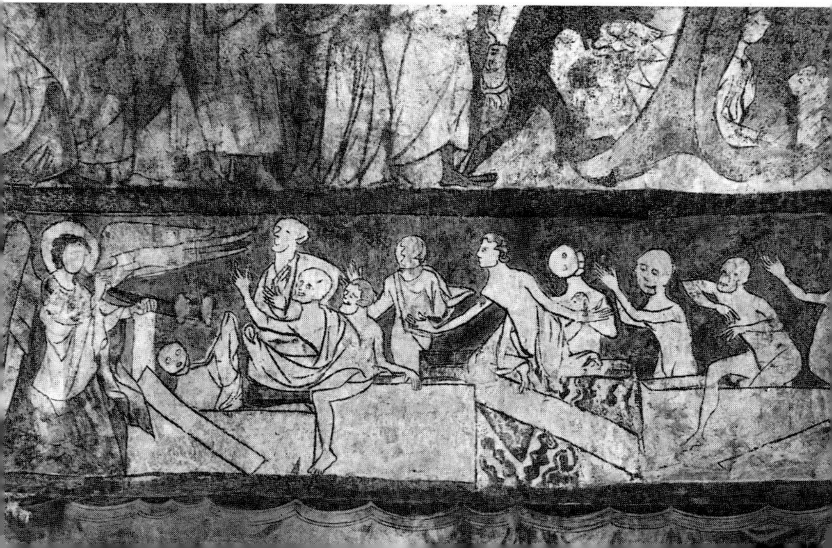

ten, wie dann auch nach der Stadterhebung 1810, so daß ein Stadtrundgang lohnt, zu dem der Besuch des hübschen und lehrreichen Weinmuseums gehört. Im Süden von Müllheim liegen zwei eingemeindete Dörfer: **Vögisheim** mit schönen alten Häusern und **Feldberg** mit einer stattlichen mittelalterlichen Kirche.

Seine Selbstständigkeit bewahrt hat **Auggen;** heute noch mitten in Reben gelegen, ist es eines der ältesten Weindörfer im Markgräflerland – dessen Wein besonders geschätzt war, sonst hätten nicht entfernte Klöster wie St. Gallen und Beromünster ihren Auggener Besitz so lange gehalten. Das mittelalterliche ortsansässige Adelsgeschlecht von Augheim ist mit dem Minnesänger Brunwart in der Manesse-Handschrift verewigt. Die heutige Weinbrennerkirche birgt ein wertvolles Kruzifix von 1706.

Müllheims Nachbarort im Norden, **Hügelheim,** hat eine interessante Kirche. Der romanische Turm ist als einziger im Markgräflerland mit einem Fries verziert (Rundbogen, Tiere). Im Kircheninneren überrascht die reiche Ausmalung, denn von außen wird man nicht gewahr, daß noch eine mittelalterliche Schiffswand vorhanden ist. Im Chorturm wurden 1492 Fenster eingebrochen (Datum außen eingemeißelt); in jener Zeit müssen auch die Malereien erneuert worden sein. Dargestellt sind, wie meistens im Chorraum, die Apostel; in den Fensternischen sind es Schutzpatrone (Ägidius, Blasius?). Im Triumphbogen erscheinen in Medaillons die Klugen und Törichten Jungfrauen. Nach dem Erhaltenen an der mittelalterlichen Südwand zu schließen, waren im Langhaus im 14. Jh. übereinander drei Bahnen: ganz oben Szenen der Schöpfungsgeschichte; in der Mitte Szenen aus dem Alten Testament, die – nach der Biblia Pauperum – symbolischen Bezug auf die Erlösung haben; unten Leiden und Auferstehung Christi. So ist es kein Zufall, daß über der Kreuzigung der Tod Kains erscheint: Der blinde Lamech erschießt ihn *(Farbb. S. 17).* Rechts von diesem Bild ist der Rest einer späteren Malschicht erhalten: ein großes Rad, Henkersknechte – es muß die Marter der hl. Katharina von Alexandrien sein. Auch im Religiösen hat sich der „Geschmack" geändert; im ausgehenden Mittelalter waren Heiligenlegenden beliebter als das Alte Testament!

Badenweiler verdankt seine Berühmtheit dem Klima - das exotische Gewächse in den Parkanlagen gedeihen läßt -, der einzigartigen Lage vor den bewaldeten Schwarzwaldhöhen und nicht zuletzt den Thermalquellen, die schon die Römer in einer luxuriösen Badeanlage nutzten. Es wird angenommen, daß die Quellen schon den Kelten bekannt waren, denn auf den Höhen um Badenweiler liegen Ringwälle, von denen einige vorrömisch sein könnten. Das Römerbad *(Abb. S. 85)* ist besonders gut erhalten. Wahrscheinlich haben Bauleute aus der römischen Stadt Augusta Raurica (am Rhein oberhalb von Basel, heute Kaiseraugst) die Badeanlage errichtet, denn schon der erste Bau hat nichts Provinzielles. Bald wurde erweitert, und wahrscheinlich nach einem Erdbeben mit schweren Schäden wurde größer wieder aufgebaut mit Warmwasserbecken und Hypokaustenheizung. Geweiht war das Bad der Schwarzwaldgöttin Diana Abnoba (Sockel mit Inschrift in der westlichen Eingangshalle). Der Badebetrieb scheint wie in Rom mit allen Raffinessen ausgestattet gewesen zu sein. Sicher haben sich hier die Herrschaften der umliegenden Güter getummelt und sind wohl auch aus der Stadt Augusta Raurica hierher gekommen; es war nicht, wie man anfänglich gemeint hatte, ein Bad für die Besatzungssoldaten. Nach dem Abzug der Römer im 3. Jh. verfiel alles, verschwand teilweise unter der Erde und wurde erst 1784 wieder entdeckt, als man im „alten Gemüer" Baumaterial holte. Der damalige Pfarrer verhinderte weiteren Abbruch und mit markgräflicher Hilfe hat man ausgegraben. Das bald erstellte Schutzdach wurde den kostbaren Ruinen zum Verhängnis, als 1796 Truppenpferde untergestellt waren, deren Hufe die geglätteten Platten der Badebecken beschädigten.

Im Mittelalter wurde Badenweiler erstmals 1028 genannt in einer Urkunde, in der es um Bergwerksgerechtigkeiten geht. Bergbau auf Blei und Silber war im Mittelalter ein wichtiger Wirtschaftzweig; in Badenweiler wurde der Abbau erst im 19. Jh. ganz eingestellt.

Die Burg Baden, heute als Ruine noch Wahrzeichen Badenweilers, wird 1122 zum erstenmal genannt - im Besitz der Zähringer, die die Erbauer waren. Für jene Zeit typisch sind die schön behauenen Buckelquader. Die Ministerialen der Zähringer am Ort nannten sich seit 1130 nach der Burg „von Baden" (vergl. Liel S. 63). Mit der Heirat der Clementia von Zähringen und Heinrichs des Löwen kam die Burg und das dazu gehörende Territorium an den Welfen als Mitgift; nach der Trennung des Paares tauschte Heinrich den neuen Besitz mit den Staufern, nach deren Aussterben kam die Herrschaft auf Umwegen an die Freiburger Grafen. In der evangelischen Kirche erinnert ein schönes Grabmal des Grafen Egino IV. daran. 1444 schenkte der kinderlose Johann von Freiburg die Herrschaft seinen Neffen auf Rötteln. Nach seinem Tod 1457 waren nun Hachberg-Sausenberg, Rötteln und Badenweiler vereint – das Gebiet, das wir heute Markgräflerland nennen. Während eines 20jährigen Intermezzos, 1397-1417, als Burg und Herrschaft an Österreich verpfändet waren, residiert die Gemahlin Herzog Leopolds, Katharina von Burgund in Badenweiler. Ihre Wohltaten waren noch lange in Erinnerung, und ihrem Kunstsinn war wohl die Ausmalung der alten Kirche zu danken. Wie die Burg wurde auch die Kirche 1678 zerstört; vor ihrem Abbruch Ende 19. Jh. wurden Reste der Fresken abgenommen und in der neugotischen evangelischen Kirche aufgehängt. Der höfische Charakter der Malerei läßt vermuten, daß die burgundische Fürstin ihre Künstler aus Dijon mitgebracht hat. Als die alte Kirche abgerissen wurde, war bei den Kirchenpatronen Peter und Paul, die jetzt im Chor der neuen Kirche angebracht sind, die hl. Katharina zu sehen: in sehr schlechtem Zustand, weshalb sie nicht zu erhalten war. Es ist naheliegend, sie mit Katharina von Burgund in Verbindung zu bringen – das wäre ein Beweis für deren Stiftung; dazu paßt auch die dabei gefundene Jahreszahl 1413. Die andern Tafeln mit drei gekrönten vornehm gekleideten Herren und mit drei menschlichen Gerippen werden „Totentanz" genannt *(Abb. S. 87);* denn der Bedeutung nach ist es das gleiche wie die bekannten Totentänze, bei denen der Knochenmann mit jedem Alter und jedem Stand, ob Mann oder Frau, tanzt – was bedeutet, daß ihm keiner entkommt. In Wirklichkeit ist hier das dargestellt, was in Frankreich „Die drei Lebenden und die drei Toten" (les trois vifs et les trois morts) heißt,

Abb. rechts: Das Römerbad in Badenweiler

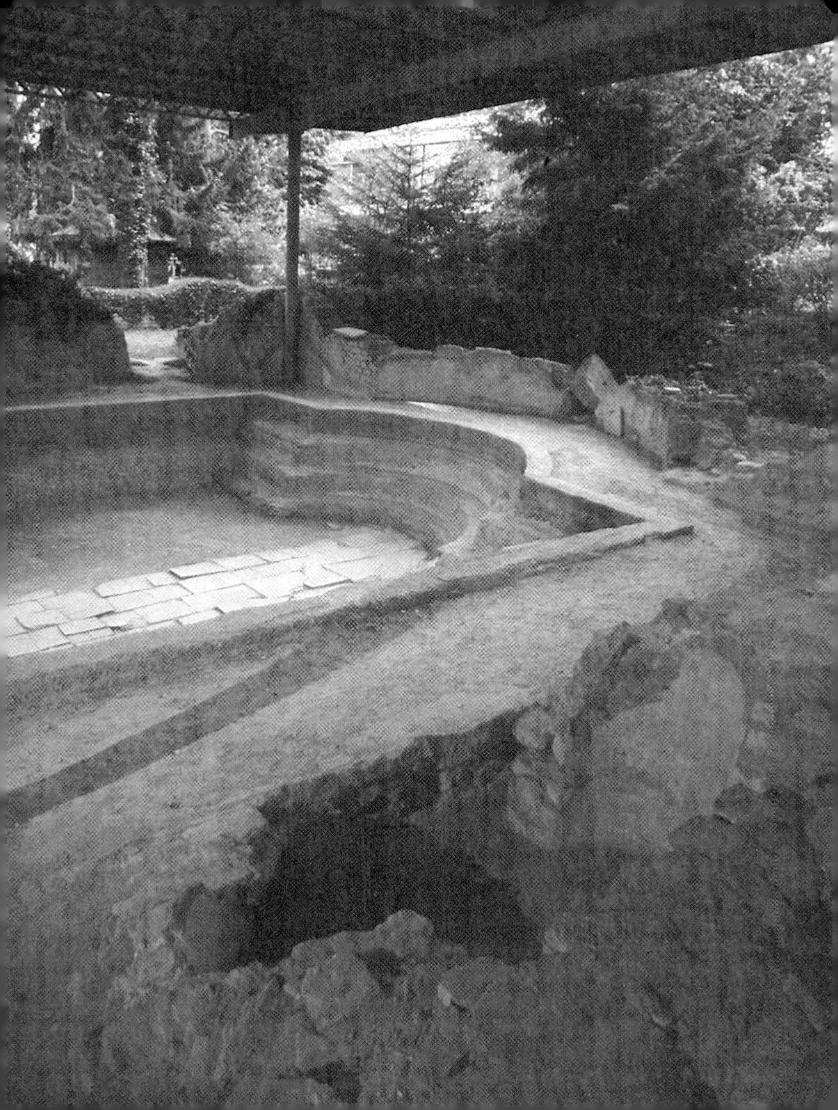

nämlich drei Lebensalter: Jüngling, Mann und Greis und drei Totengerippe; die Spruchbänder weisen auf die Vergänglichkeit alles Irdischen hin. Dasselbe tun auch die Falken: beim Jüngling noch in der Hand, beim Manne losgelassen und beim Greis entflogen. Im Gegensatz zu Frankreich ist diese Darstellung auf deutschem Boden nicht geläufig. Auch diese Tatsache spricht für den Einfluß der burgundischen Prinzessin.

Dörfer zwischen Badenweiler und Heitersheim:

Die Kirche in **Betberg** – Gemeinde Buggingen – gehört zu den ältesten im Lande; sie wird schon 789 unter den Besitztümern des Reichsklosters Lorsch genannt. 1111 kam Betberg in den Besitz des Zähringer Hausklosters St. Peter, welches am Ort eine Propstei errichtete, die bis 1806 bestand, dem Ende allen kirchlichen Territorialbesitzes. Es war also hier wie in anderen evangelischen Markgräfler Orten die kuriose Situation, daß der Pfarrer vom Markgrafen als dem obersten Kirchherrn ernannt wurde, sich aber beim Abt in St. Peter vorstellen mußte, von dem er bezahlt wurde – und der auch die Kirche instand halten mußte aufgrund der Naturaleinnahmen aus der Kirchenpfründe. Nach den jüngsten Grabungen und der Kirchenrenovierung weiß man, daß unter dem jetzigen spätgotischen Chor Fundamente eines romanischen sind. Auch ist durch Fischgrätmuster im Westen des Schiffes erwiesen, daß das Langhaus im 12. Jh. gebaut ist, also früher als der Turm. Ebenso hat sich bestätigt, daß das Gotteshaus immer eine Wehrkirche war.

Reste von Wandmalereien aus der Zeit der Bauernaufstände um 1525 sind besonders interessant, weil am Eingang zum Turm von der Empore aus die kirchliche und weltliche Herrschaft demonstriert wird durch zwei geharnischte Junker, die den Eingang bewachen: der eine auf dem Wappen von St. Peter stehend, der andere auf dem der Markgrafschaft. Daneben sind kleinere bewaffnete Bauern, wie sie sich gegenseitig hochhieven, um sich auf andere Weise des Turmes zu bemächtigen.

Abb. rechts: Fresken in der ev. Kirche in Badenweiler

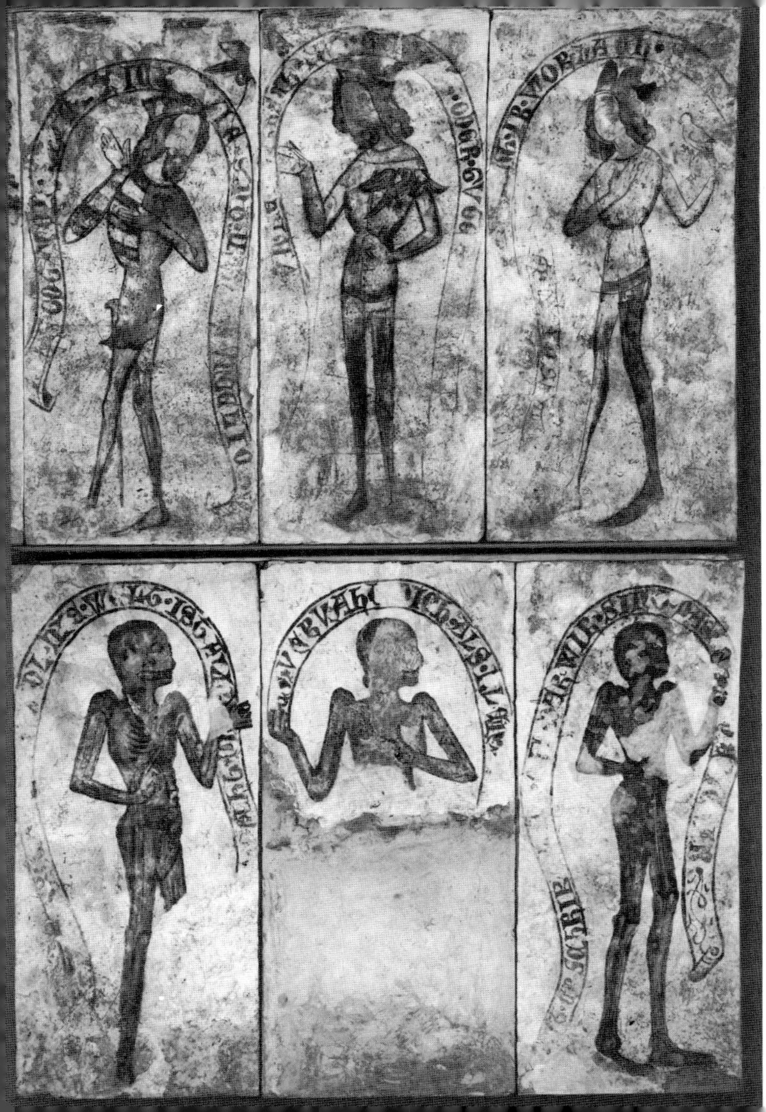

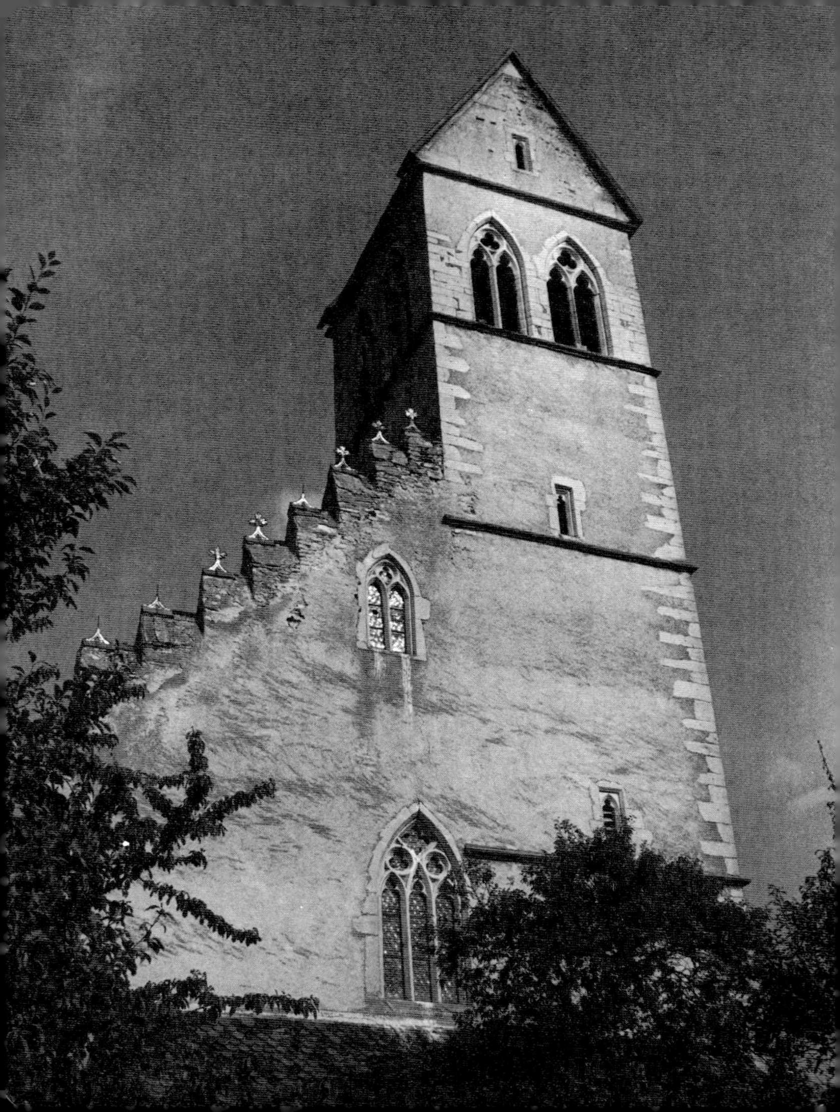

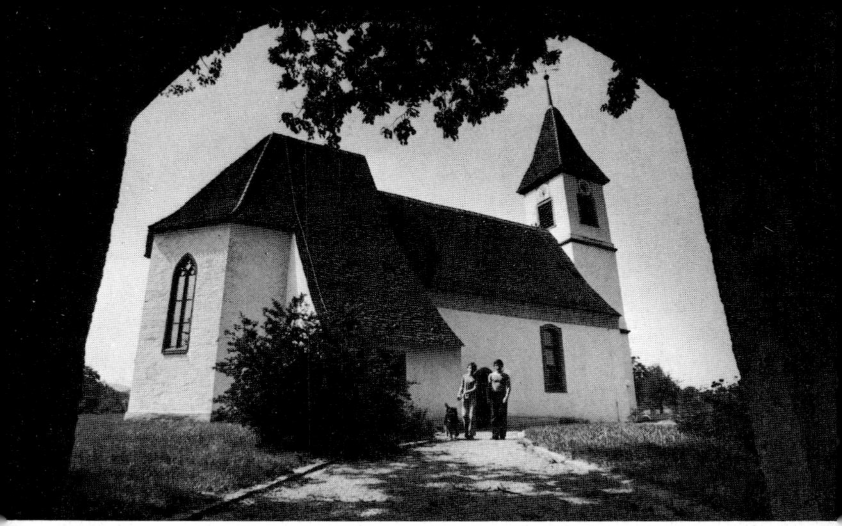

Die Kirche von **St. Ilgen** *(Abb. links)* war im Mittelalter eine Kaplanei von Betberg, also St. Peter zugehörig; das erklärt vielleicht die Größe und den Aufwand an Steinmetzarbeit im 14. Jh. Für die Bewohner allein kann sie nicht gebaut sein, es muß eine Wallfahrt zum hl. Ägidius (= Ilgen) gewesen sein. Besonders originell ist die einseitige schräge Fassade mit Treppengiebel, die sich an den älteren Turm anlehnt, der wohl deshalb gotisch erhöht wurde.

Der renommierte Weinort **Britzingen** sowie **Dattingen** – Stadt Müllheim – haben beide sehr alte Kirchen. Die Dattinger *(Abb. oben)* ist durch neuerliche Renovierung besonders schmuck geworden. Diese ehemalige St. Jakobskapelle war sicher schon früher als sie 1452 genannt wird eine Pilgerwallfahrt. Das Wappen im Chorgewölbe ist Anhaltspunkt für den jetzigen Bau; Rudolf IV. hat dieses kombinierte Hachberg- und Badenweiler Wappen erst nach 1457 benützt. Außen am Turm sieht man in zweiter Verwendung einen Stein mit der Jahreszahl 1512 – auf dem Kopf stehend, also wurde der Turm später umgebaut.

Die Stadt **Sulzburg** ist seit 1964, dem Jahr der Wiederherstellung der ottonischen Klosterkirche, ein Wallfahrtsort für Kunstfreunde und Historiker. **Laufen,** jetzt zu Sulzburg gehörig, war vorher schon weltberühmt wegen der Iriszucht der Gräfin Zeppelin – und natürlich wegen seines Weines. Das im Wald eingebettete Städtchen Sulzburg ist auch durch seine bevorzugte Lage und die Bewahrung des reizvollen alten Stadtkernes anziehend. 881 unter den Besitzungen von Kloster Lorsch erwähnt, bekommt Sulzburg durch Stiftung des Grafen Birchtilo ein Benediktinerinnenkloster zu Ehren des hl. Cyriak; 1008 wird es dem Bischof von Basel unterstellt, der das Vogtamt an die Herren von Üsenberg gab. 1028 bekam der Basler Bischof von Kaiser Konrad II. das Recht der Silbergewinnung im Sulzburger Tal. Nachzuweisen ist der Bergbau schon sehr viel früher und blühte, bis die Gruben in den Kriegen Ludwigs XIV. zerstört wurden. Auf einer Sulzburger Münze die älteste Bergbaudarstellung *(Abb. unten).* Im 16. Jh., als Sulzburg zeitweise markgräfliche Residenzstadt war, wurden hier angeblich mehr als 500 Bergleute beschäftigt. Geschürft wurde außer nach Silber auch nach Blei, Kobalt und Antimon. Wie der Name sagt, muß auch schon sehr früh Salz gewonnen worden sein. 1571 wird die Heilquelle genannt, die aber in unserem Jahrhundert ihre Bedeutung völlig eingebüßt hat, weil sie mit ihren 15° nicht mit den Temperaturen in Krozingen und Badenweiler konkurrieren konnte. Im jüngst eröffneten Bergbaumuseum ist die Vergangenheit Sulzburgs dokumentiert.

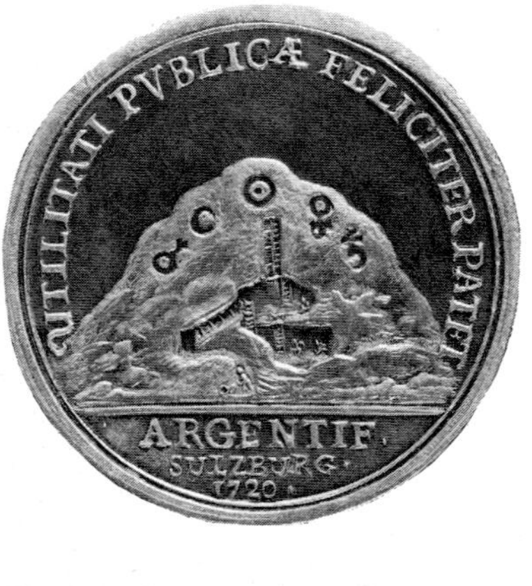

Die Klosterkirche *(Abb. S. 2)*, die nach Aufhebung des Klosters 1556 immer mehr verfallen war und deren Sei-

Abb. rechts: St. Cyriak in Sulzburg

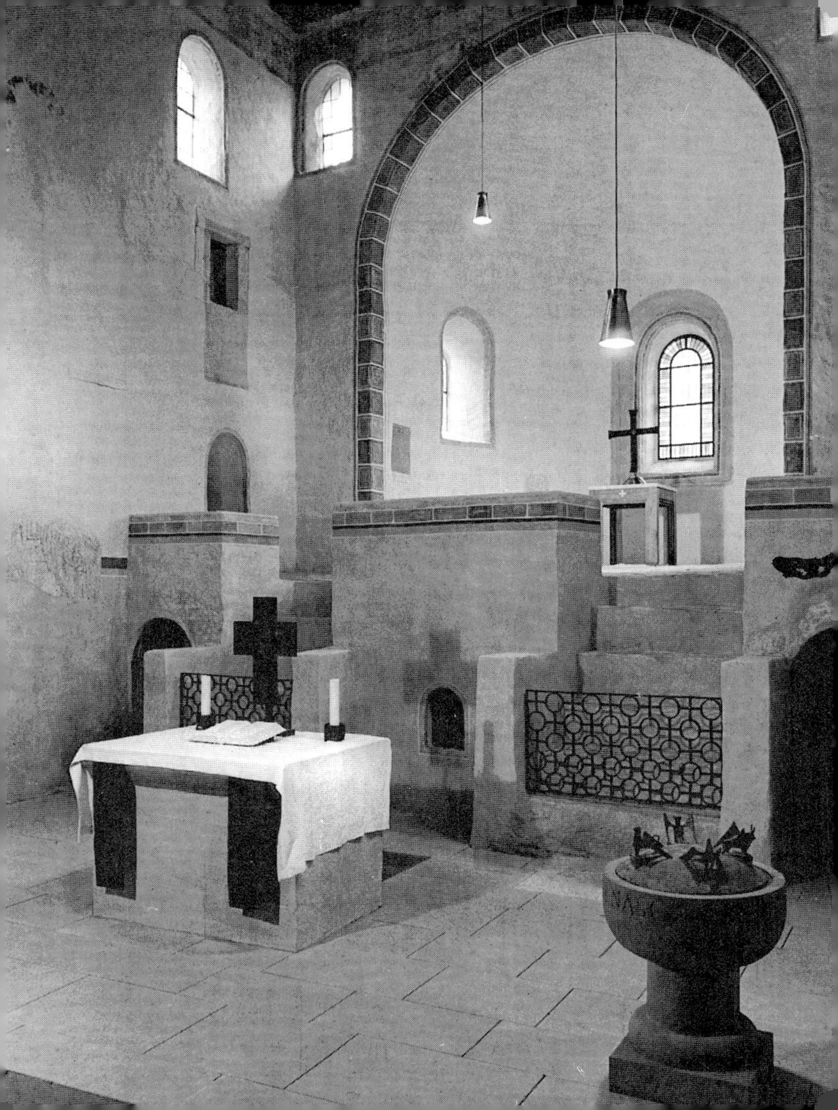

tenschiffe sogar abgetragen wurden, ist seit 1964 wieder einer der kunsthistorischen Glanzpunkte des Markgräflerlandes (auch wenn sie heftiges Streitobjekt der Fachleute wurde); ist sie doch eine der ganz wenigen Kirchen, die im Aufbau ottonisch geblieben sind und das für diese Epoche typische Aussehen bewahrt haben: Pfeilerbasilika ohne Kapitelle, ursprünglich auch im Westen eine Apsis, keine vom Steinmetz behauenen Steine, ungegliederte glatte Wände außen und innen, Fenster ohne Profile. Die Kargheit wurde durch Bemalung überdeckt, es sind überall ocker-rote Farbspuren gefunden worden; ein Mäander unter der Decke ist noch erhalten. Man darf annehmen, daß die heutige Bemalung der ursprünglichen nahe kommt. Im 11. Jh. wurde mit Erhöhung des Ostchores *(Abb. S. 91)* eine Krypta gebaut, deren Gewölbe auf nur einer Mittelsäule ruht. Der später im 12. Jh. angefügte Turm ist in der Gegend so üblich, er beeinträchtigt nicht die Silhouette der Kirche. Die moderne Gedenkplatte für den Stifter erinnert an sein Grab unter der Westapsis. Da es der einzige Grabfund war, ist kein Zweifel, daß an dieser bevorzugten Stelle der Wohltäter des Klosters bestattet worden ist. Malereien sind aus verschiedenen späteren Zeiten erhalten, besonders reizvoll die Törichten Jungfrauen in eleganter Zeittracht. An der Deckeninschrift ist zu lesen, daß 1510 eine neue Decke eingezogen wurde; in diese Zeit fallen auch die großen Fenster mit Fischblasenmaßwerk und der Bildzyklus, zu dem die Törichten Jungfrauen gehören.

Zur Kultur Sulzburgs gehört der Judenfriedhof *(Abb. rechts)*, der gut erhalten und gepflegt ist, soweit es das jüdische Brauchtum zuläßt. Hier wird der Besucher daran erinnert, daß Sulzburg eine große jüdische Gemeinde hatte; vollzog sich doch die völlige Gleichstellung im Großherzogtum Baden früher als anderswo. So wurden im ganzen Land jüdische Gotteshäuser in der Zeit des Weinbrennerstils gebaut; die Sulzburger Synagoge wurde jüngst mit Hilfe des badenwürttembergischen Staates wieder hergestellt; durch die Stiftung eines ehemaligen Sulzburger Bürgers, Hugo Bloch, der als Maler und Graphiker sich in München niedergelassen hat, soll Sulzburg wieder zum religiösen und kulturellen Mittelpunkt der oberbadischen Juden werden.

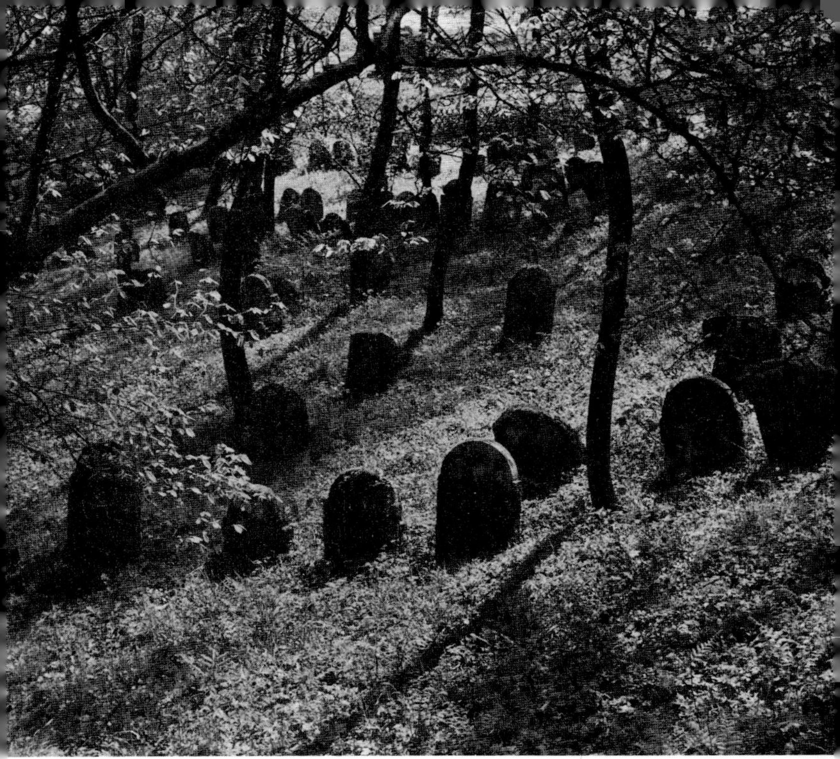

Von den Bauten der Residenz ist kaum etwas erhalten, 1679 brannte das Schloß bis auf den rechten Flügel nieder; dieser war bis 1964 Rathaus. In wacher Erinnerung ist eine fürstliche Wohltäterin, die Prinzessin Katharina-Barbara (1650-1733), die in größten Notzeiten eine Armenapotheke gestiftet hat. Ihr zum Gedächtnis wird beibehalten, was sie eingeführt hat: Am Sonntag Lätare erhalten die Kinder – heute von der Stadt – Wecken. Große Söhne der Stadt haben Sulzburg bekannt gemacht: Joh. Daniel Schöpflin, der berühmte Historiker – Gustav Weil, der Orientalist und Übersetzer von Tausendundeinernacht – Ernst Leitz, der Begründer der Weltfirma.

In **Heitersheim** stehen die Überreste des Johanniterschlosses, das 300 Jahre lang Sitz des Großpriors in deutschen Landen war. Wie alle geistlichen Fürstentümer wurde das kleine, 5000 Seelen zählende Territorium im Zuge der Säkularisation aufgelöst und dem neuen badischen Großherzogtum einverleibt. Und damit kam die Dezimierung der stolzen Bauten: Residenz, Priesterhaus und Schloßkirche wurden abgerissen. Seit 1893 ist die Anlage nach und nach in den Besitz des Mutterhauses der Vinzentinerinnen in Freiburg gelangt; so dient das noch Verbliebene wieder karitativen Zwecken – wie ursprünglich in der Johanniterzeit.

Heitersheim als Ort wird schon im Lorscher Codex genannt und zwar mit mehreren Schenkungen. Im 8. Jh. kam der Heitersheimer Fronhof an das Kloster Murbach, das eine Kirche baute und dazu eine Reliquie des hl. Leodegar schenkte. 1272 ging der Murbacher Besitz an die Freiburger Johanniterkommende; 1335 hatte diese schon eine Niederlassung in Heitersheim gebaut, die vorläufig mit Freiburg verbunden blieb. Da die Besitzungen in Heitersheim reichsunmittelbar waren, entschloß sich wohl der Orden 1428, Heitersheim zum Sitz des Großpriors zu bestimmen. De facto residierte er hier erst seit 1505. Damit begann der großzügige Ausbau des Schlosses mit Mauern und Wassergraben. 1525 verheerten die aufständischen Bauern das Schloß, so daß der älteste erhaltene Gebäudekomplex der Wirtschaftshof ist *(Abb. rechts)*. Aus der Zeit danach stammt der weitläufige Arkadenhof mit Renaissance-Charakter. Auch hier wird sichtbar, was bei allen Johanniteranlagen auffällt: daß ihre Bauten zwar nicht prunkvoll aber wohlproportioniert und präzise ausgeführt sind, wohl immer von guten Baumeistern. Persönlich mußten die Ordensmitglieder (nur Adelige konnten volle Mitglieder sein) die Gelübde der Armut, der Keuschheit, des Gehorsams und des Kampfes gegen die Ungläubigen ablegen. Im Aufwand für Repräsentation stand der Orden jedoch weltlichen Fürsten nicht nach, wie an dem schönen Kanzleigebäude aus dem 18. Jh. zu sehen ist *(Abb. S. 96)*.

Es wurde 1733 errichtet und trägt das prunkvolle Wappen des Großpriors Philipp Wilhelm von Nesselrode und Reichenstein. Nicht alle Schloßherren haben sich durch Bauten ein Denkmal gesetzt.

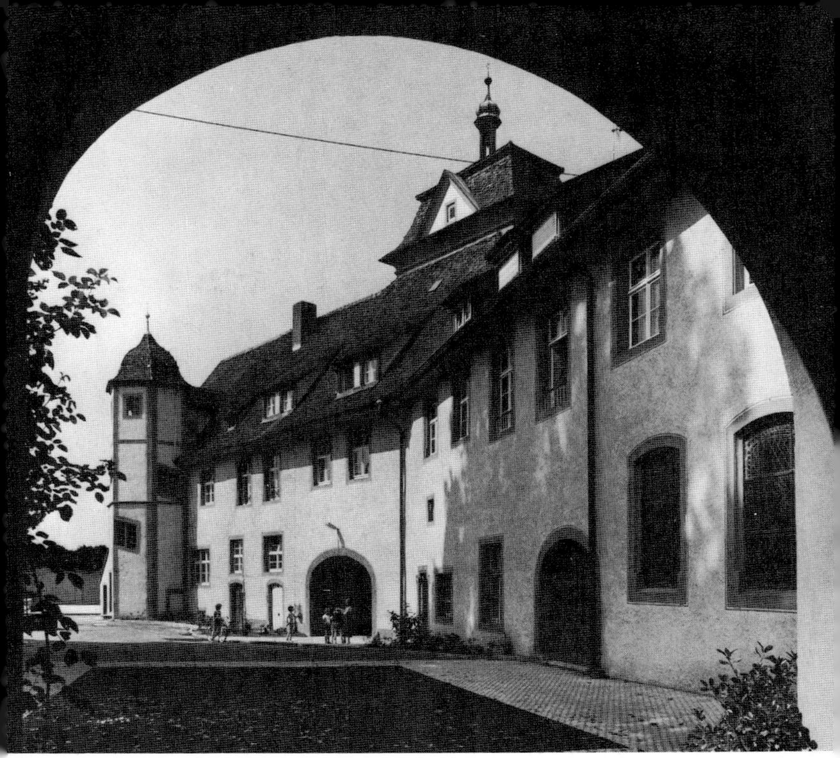

Manch einer der hochfürstlichen Herren hatte noch andere Ämter und war selten in Heitersheim; so Friedrich Landgraf von Hessen (1644-82), der gleichzeitig Fürstbischof in Breslau und Obersthauptmann von Schlesien war – er hielt sich mehr in Wien und in Rom auf. Einige schöne Grabmäler von Johanniterfürsten befinden sich in der Pfarrkirche St. Bartolomäus (Johann von Hattstein, gest. 1546; Wippert von Rosenbach, gest. 1607; der letzte Großprior Rink von Baldenstein, gest. 1807). Die Kirche wurde 1825-27 im Weinbrennerstil neu gebaut und ist eine der wenigen im Land, die ihre Ausstattung – Altäre, Kanzel und Taufstein von Jodok Wilhelm – aus jener Zeit un-

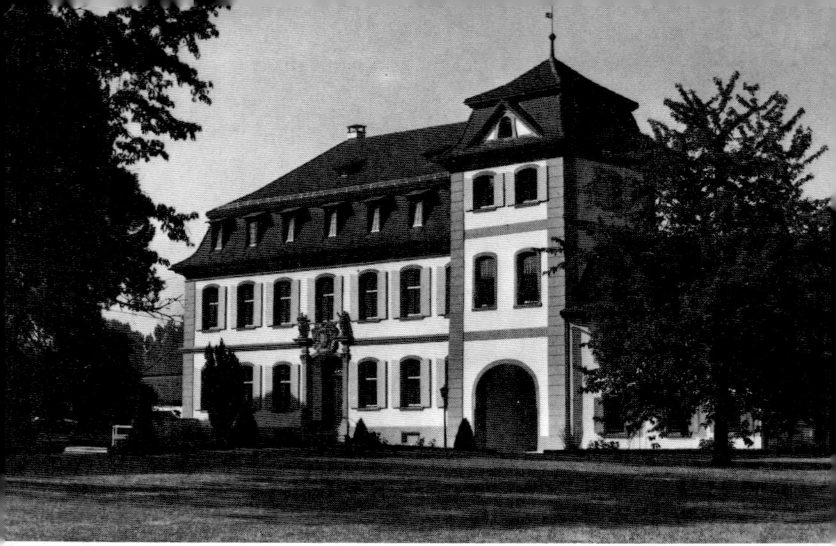

beschadet bis heute bewahrt hat. In der Umgebung von Heitersheim findet man noch an manch einem stattlichen Bau das silberne Johanniterkreuz (mit gespaltenen Balken); es erinnert an den einstigen Besitz und die Herrschaft des Ordens.

In einem der schönsten Schwarzwaldtäler eingebettet liegt der imposante Klosterkomplex von **St. Trudpert** mit seiner schönen Silhouette *(Abb. S. 98)*. Der harmonische Anblick täuscht über die wechselhafte Geschichte hinweg, und der Name des Tales, Münstertal, ist irreführend, denn er rührt nicht vom Kloster her, sondern von einer etwas unterhalb gelegenen, im Mittelalter blühenden Stadt, die 1346 aus Konkurrenzneid von den Freiburgern zerstört wurde. Bis dahin wurde im Tal ein ergiebiger Silbererzbergbau betrieben, der auch dem Benediktinerkonvent zu Wohlstand verholfen hatte. Weiß man doch, daß drei vorromanische Kirchenbauten hintereinander

Abb. oben: Heitersheim, das Kanzleigebäude

geweiht wurden! Eine Erinnerung an den ehemaligen Reichtum ist der heute als Pfarrkirche dienenden Klosterkirche in dem romanischen Vortragekreuz (1160-70) geblieben. Als Stifter, der sich mit seiner Gemahlin abbilden ließ, konnte Gottfried von Staufen *(Abb. unten)* identifiziert werden, der als Klostervogt fungierte (gest. 1178/9).

Seit 1918 ist das ehemalige Benediktinerkloster Provinz-Mutterhaus der St. Josephsschwestern. Neue Bauten fügen sich gut ein, so auch die Konventskirche mit ihrer Kuppel.

Der heilige Einsiedler Trudpert hat zu Beginn des 7. Jh. das Christentum in der Gegend verkündet; wie es scheint, bei widerspenstigen Alamannen, sonst hätten seine Helfer nicht wagen können, ihn mit der Axt zu erschlagen (nach der Legende). An der Stelle seines Todes steht die barocke Grabkapelle, unter der sich eine Heilquelle befindet. Alte Ansichten und Grabungen deuten darauf hin, daß die mittelalterliche Kirche nach den Vorschriften der Hirsauer Reform gebaut war. Der jetzige Chor (1456 geweiht) hat nur noch außen seine gotische Erscheinung. Wie überall am Oberrhein brachte das Jahr 1632 den völligen Ruin, so daß nach Ende des 30jährigen Krieges zuerst die Klosterbauten wiederhergestellt werden mußten. Im 18. Jh. wurde dann der Kirchenneubau durch tatkräftige Äbte bewerkstelligt, zu dem der im ganzen süddeutschen Raum berühmte Baumeister Peter Thumb verpflichtet wurde. Zusammen mit den oberitalienischen Stukkatoren und dem Tessiner Freskenmaler Giorgioli gelang ihm eine vornehm feierliche Raumwirkung, die beim Gottesdienst zu einem erhebenden Erlebnis beiträgt. Es lohnt, in Ruhe den Raum wirken zu lassen und sich dann erst den reizvollen Einzelheiten zuzuwenden. An hervorragender Stelle über dem Chorbogen vor prächtiger Draperie fallen die Ordensgründer Benedikt und Scholastika mit der Immaculata auf. An der Decke

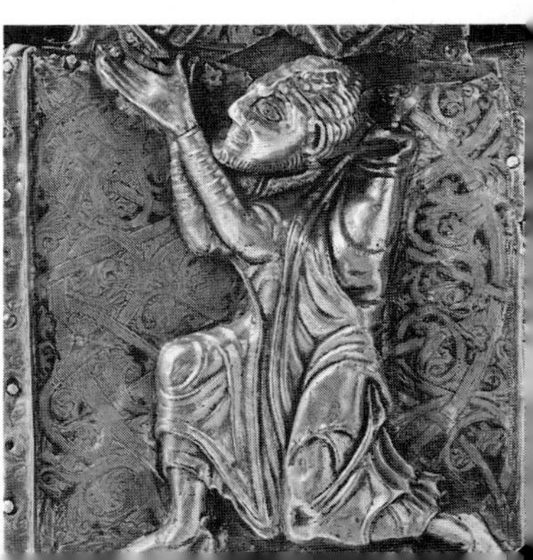

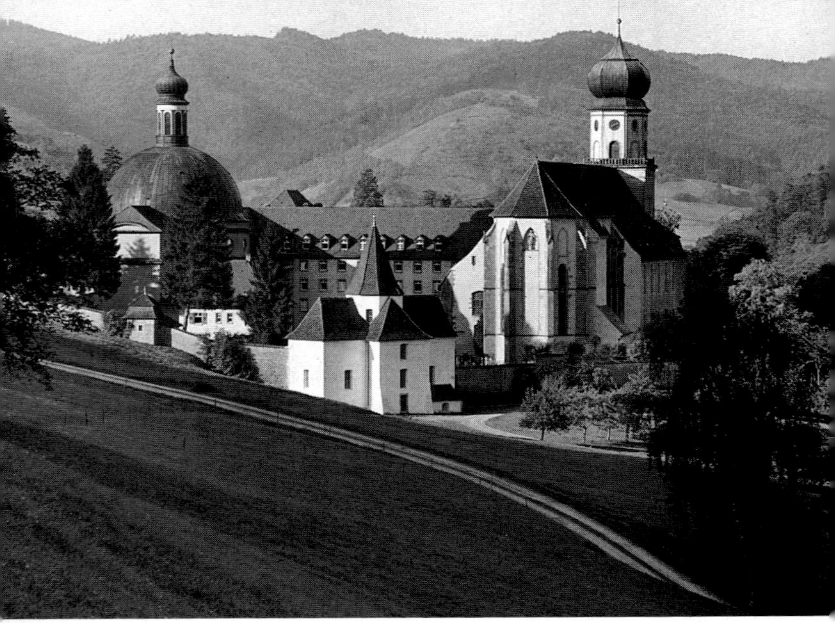

sind es die farbenprächtigen Malereien mit Szenen aus dem Leben der Kirchenpatrone Petrus und Paulus und des hl. Trudpert. Ein besonderes Schmuckstück ist die kostbare Rokokokanzel aus der Freiburger Augustinerkirche, die der letzte Mönch nach Aufhebung des Klosters als Gemeindepfarrer ersteigern konnte. Aus der Zeit vor der Erneurung der Kirche stammt der kolossale Kruzifix – ein Werk des berühmten Konstanzer Bildhauers Chr. Daniel Schenk, Ende 17. Jh. – und der Rosenkranzaltar. Bei den neuen Altären hat der Wenzingerschüler Simon Göser mitgearbeitet. Ein besonders ansprechendes Werk des späten Rokoko ist seine Immaculata, die ursprünglich an der Krankenkapelle stand *(Abb. rechts).*

Abb. oben: Kloster St. Trudpert; rechts die Immaculata in der Klosterkirche

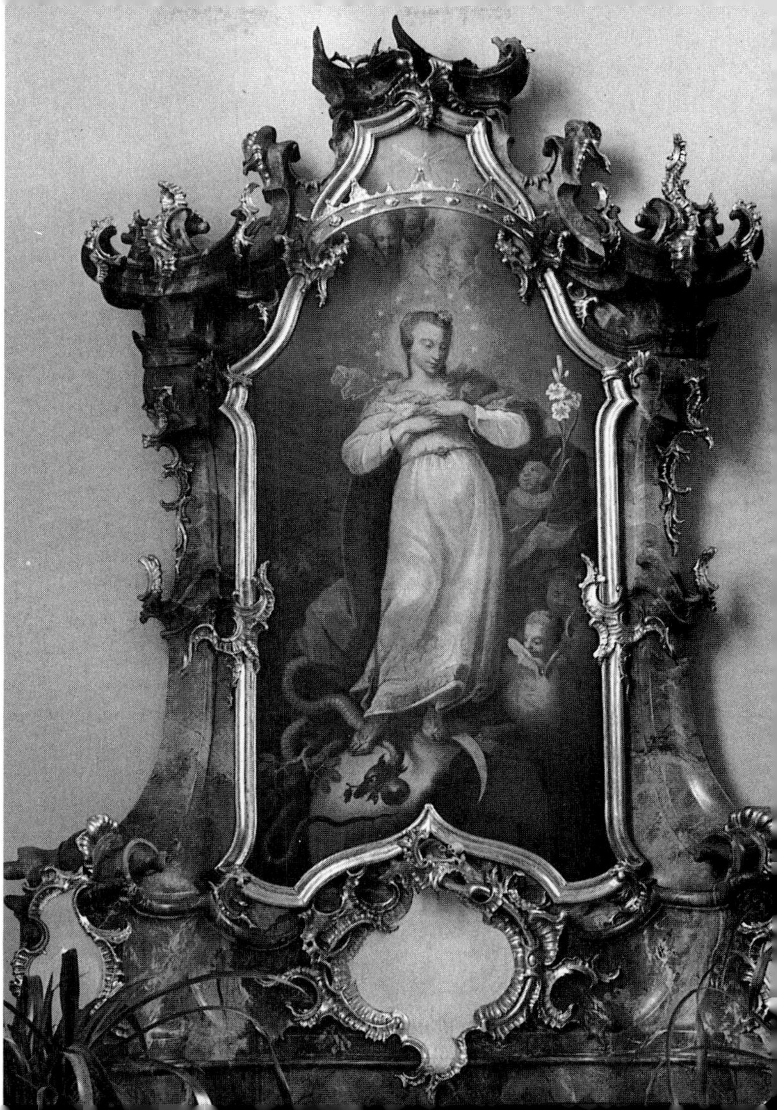

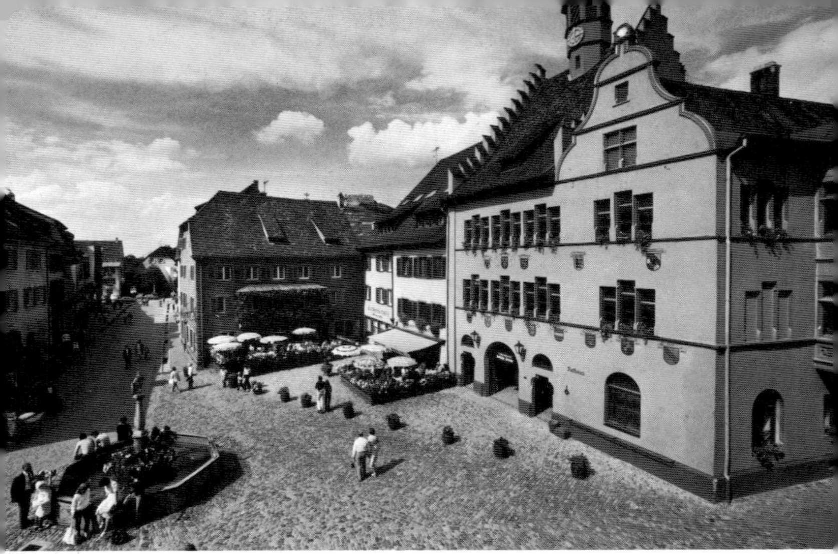

Staufen wurde schon von J. P. Hebel im Gedicht „Der Schwarzwälder im Breisgau" begeistert besungen: „Z' Staufen uf em Märt / hen si, was me gehrt: / Tanz und Wi und Lustbarkeit, / was eim numme's Herz erfreut, / z'Staufen uf em Märt!" Von dieser heimeligen, altmodischen Atmosphäre lebt die liebenswürdige Stadt auch heute noch; man läuft über Kopfsteinpflaster, und am Straßenrand fließt das Bächlein wie in Freiburg und in allen Zähringerstädten. Hinter den Dächern ragt der kegelförmige, rebenbewachsene Schloßberg mit der Burgruine empor – es ist eine Wirklichkeit gewordene Bilderbuchansicht! Auch wenn keine besonderen Bauten oder Kunstwerke zu sehen wären, lohnte ein Aufenthalt in diesem Breisgaustädtchen, denn es ist als Ganzes ein Kulturdenkmal. Über die Grenzen bekannt ist Staufen durch die Höllenfahrt des Dr. Faust; im Gasthaus zur Krone ist das Sterbezimmer zu sehen, in dem er vom Teufel ge-

Abb. oben: Der Marktplatz in Staufen; rechts St. Martinskirche in Staufen, Maria und Johannes Ev.

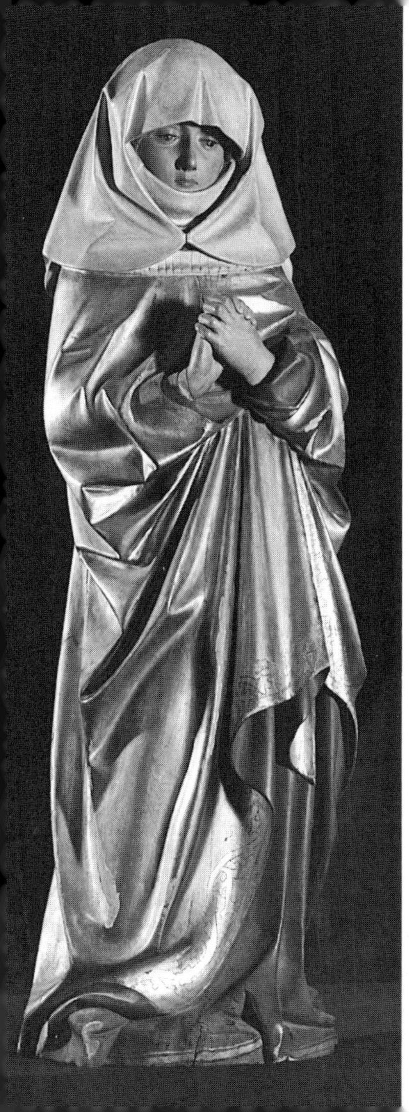
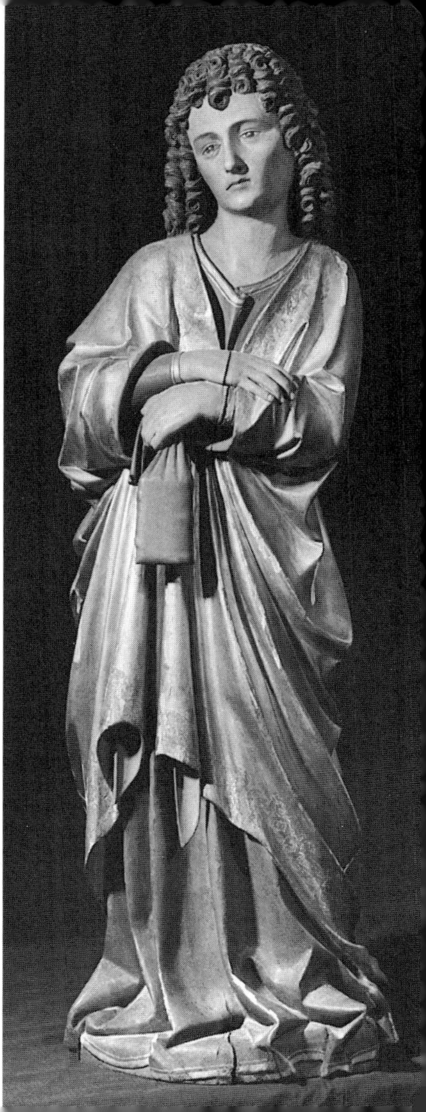

holt wurde. Um diese Gerüchte haben sich gleich nach dem Tod 1541 Sagen und dramatische Dichtungen gerankt - bis hin zu Goethes Faust. In Wirklichkeit war der dem Okkultismus und der Alchemie zugetane Halbgelehrte in Diensten des Bugherrn, um für diesen Gold zu machen; bei einem Experiment ist er umgekommen. An sich ist es in damaliger Zeit eine oft vorkommende Begebenheit, daß verschuldete Herrschaften auf diese Weise versuchten, aus ihrer prekären Lage herauszukommen. In Staufen scheint eine heftige Explosion dem gotteslästerlichen Treiben ein Ende bereitet zu haben, so daß die Mitwirkung des Teufels den damaligen Menschen als selbstverständlich erschien.

Wie in Badenweiler war die Burg Sitz zähringischer Ministerialen, die ihren Namen und das Wappen von der Bergform - dem Stauff - erhielten. Nach der Größe der Burg und nach der Stiftung des kostbaren Kreuzes an St. Trudpert durch Gottfried und Anna von Staufen zu schließen (s. St. Trudpert), war diese Funktion - dazu gehörte auch das Vogtamt von St. Trudpert - einträglich, mindestens solange der Bergbau florierte. Im 16. Jh. bauten die inzwischen zu Freiherrn avancierten ein Stadtschlößchen (heute Forstamt); mit ihrem Aussterben 1602 wurde es Amtssitz der österreichischen Verwaltung. Die Burg brannte 1632 aus. Die jetzige St. Martinskirche hatte einige Vorgängerbauten; sie war ursprünglich Filiale von Kirchhofen. Der Stadt entsprechend ist sie eine stattliche Basilika, urkundlich 1485 im Bau. Das schöne Netzgewölbe im Chor ist mit drei figürlichen Schlußsteinen verziert: es schauen auf uns herunter der Kirchenpatron St. Martin, Anna-Selbdritt, die Patronin von Staufen, an deren Gedenktag heute noch ein Volksfest für das ganze Tal stattfindet *(Abb. rechts)*, und als dritter Johannes der Täufer. Zwei kostbare Figuren Maria und Johannes Ev., wohl von einer Kreuzigung um 1440 *(Abb. S. 101)*, sind von einem Pfarrer gestiftet und sollen aus Überlingen stammen; dem lieblichen Ausdruck nach könnten sie auch am Oberrhein geschnitzt sein. - Von dem Meister Sixt von Staufen, der dem Ort einen Platz in der Kunstgeschichte geschaffen hat durch seinen berühmten Locherer-Altar im Freiburger Münster, ist wenig erhalten; die Figuren wurden in schlechtem Zustand auf dem Speicher

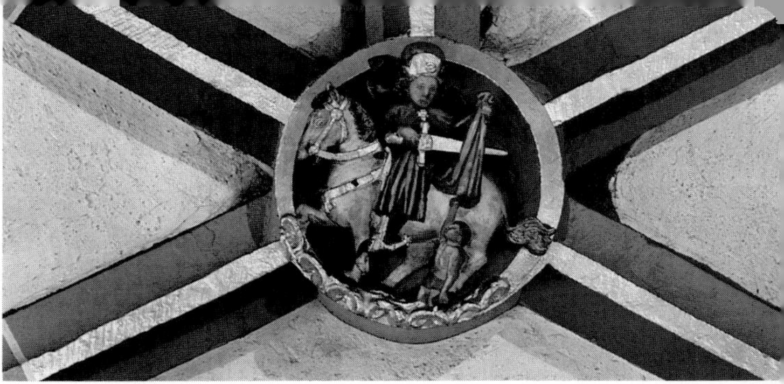

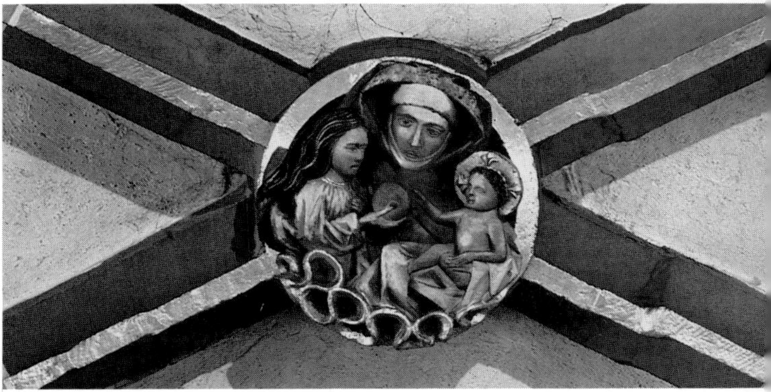

gefunden. So ist eine Anna überarbeitet worden, eine Marienklage dick übermalt und bei dem Kruzifix ist es sehr fraglich, ob es des Meisters eigene Hand war, die es geschnitzt hat. Über die Person des Sixt weiß man wenig; zwischen 1515 und 1532 sind seine Arbeiten in Freiburg belegt, um die Mitte des Jahrhunderts ist in seiner Pfarrkirche ein Jahrtag für ihn vermerkt. Er gehört zu den großen Künstlern an der Schwelle zur Neuzeit, die den Ausdruck inniger mittelalterlicher Frömmigkeit mit dem Realismus der Neuzeit zu vereinigen wußten. – An dem schönen Marktplatz ist das 1546 erbaute Rathaus ein besonders schmucker Bau *(Abb. S. 100)*.

St. Ulrich *(Abb. rechts)* liegt im stillen Möhlintal am Westabhang des Schauinslandmassivs. Heute ist es wieder wie zur Zeit der Klostergründung ein Ort der religiösen Ausstrahlung; es hat dort die Landvolkshochschule und ein „Schulungsheim für Mannesjugend“ seine Heimstätte. Auch der unvorbereitete Besucher erahnt noch die einstige Bedeutung, sobald er die riesige Brunnenschale *(Abb. S. 106)* wahrnimmt. Die äußerst differenzierte Bildhauerarbeit läßt sofort an das Burgund von Cluny denken. Trotz Verwitterung ist das Dargestellte zu erkennen: Christus in der Mandorla mit den Evangelistensymbolen, zu Seiten je 6 Apostel; auf der anderen Hälfte Christus zwischen zwei Schriftrollenträgern (Jesaias und Johannes Ev.?) mit je 6 Propheten. Die Figuren werden gerahmt unten durch einen Bestienfries, oben durch einen Blattrankenfries. Diese symbolhafte Darstellung hat veranlaßt, das Becken als Taufbecken anzusehen. Dagegen spricht, daß es im 12. Jh. in dieser Klostereinsamkeit kaum Täuflinge gegeben haben dürfte.

Gründer des Klosters war Ulrich von Regensburg, ein prominenter Zeitgenosse Kaiser Heinrichs III., dessen Patenkind und späterer Hofbeamter er war; in St. Emmeran war er Studiengenosse des späteren Abtes Wilhelm von Hirsau. 1061 trat er in Cluny ein, wurde Berater und Beichtvater des großen Abtes Hugo von Semur und Novizenmeister. Nachdem er großen Niederlassungen des Ordens vorgestanden hatte (Marcigny, Payerne), zog er sich in das Möhlintal zurück. Nach 10jährigem Wirken in Wilmarszell, wie St. Ulrich damals hieß, starb er – wie ein Heiliger verehrt. Die engen Beziehungen zu Cluny bieten eine Erklärung für die rätselhafte Brunnenschale, die Teufelsstein genannt wurde; weil der riesige Stein von außerhalb, wohl vom Elsaß herangeschafft worden war, der Bildhauer aber aus Burgund gekommen sein mußte. – 1544 zogen die letzten Cluniazensermönche weg, sicher nahmen sie die Gebeine des Heiligen mit nach Cluny, denn der Sarg ist leer. 1560 übernahm St. Peter das Priorat. Nach den Verwüstungen des 30jährigen Krieges wurden die Gebäude wieder hergestellt; 1739 aber wurde durch den Abt von St. Peter ein völliger Neubau beschlossen. Nach nur 9 Jahren fand die Weihe statt. Die erstaunliche Eleganz des Raumes *(Abb. S. 107)* und seiner Ausstat-

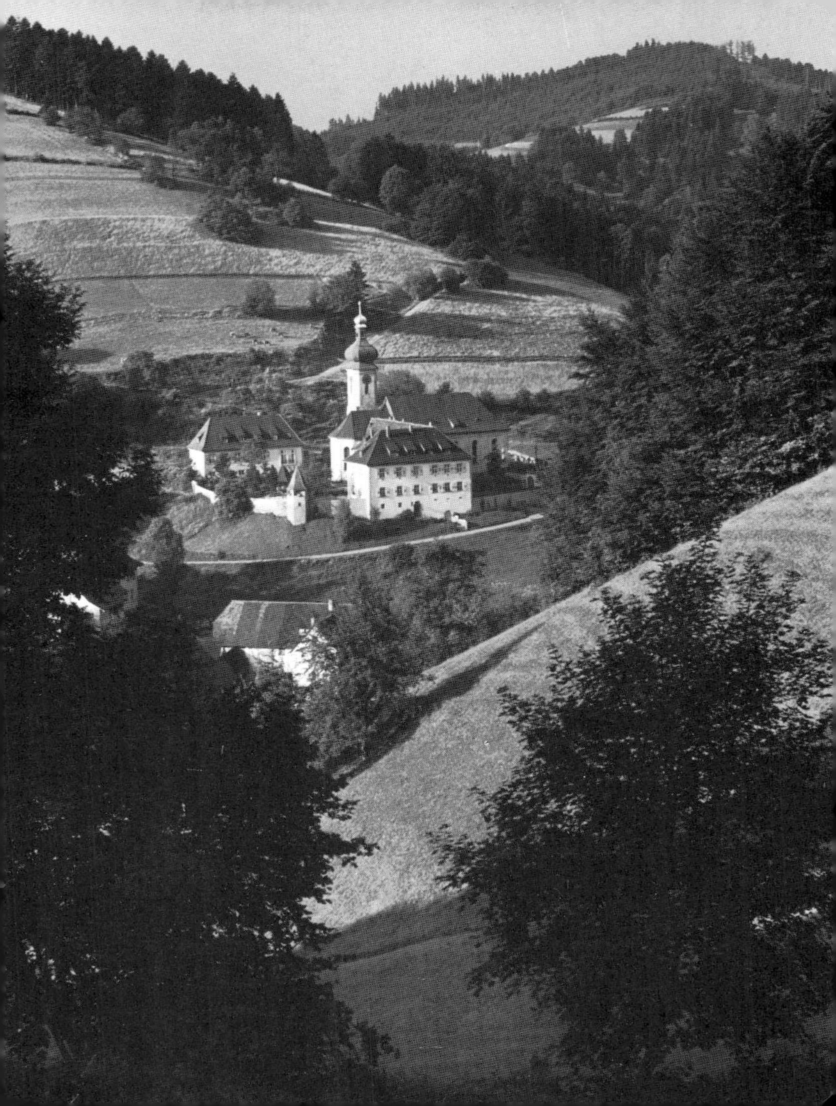

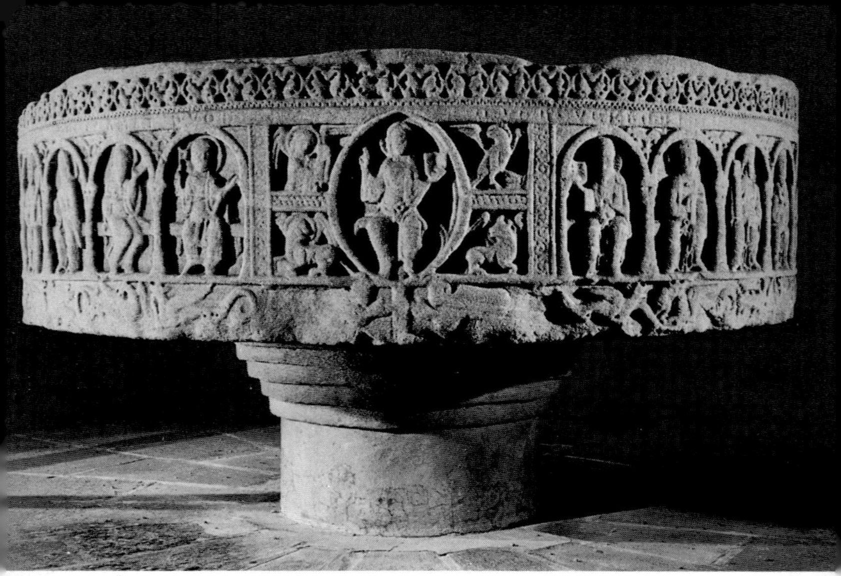

tung sind den Äbten von St. Peter zu danken, die bewährte Künstler ihres Klosters auch für St. Ulrich verpflichteten. Peter Thumb als Baumeister, der Freiburger Stukkator Fr. A. Vogel und der Konstanzer Maler Fr. Ludw. Hermann bildeten ein Team, das aus der abgelegenen Prioratskirche ein vollendetes Rokokokunstwerk machte. Durch zarte Stukkaturen und lichte Fresken wird der Raum rhythmisch gegliedert, durch die Altargruppe und den Orgelprospekt „zusammengehalten", so daß ein bewegter Raum entsteht, der den rechteckigen Grundriß vergessen läßt. Aus den Bildhauerarbeiten des Wenzingerschülers Matthias Faller spricht auf das Jenseits gerichtete Frömmigkeit, gepaart mit heiterer Lebensbejahung; so ist die Kanzel eine jubilierende Formensymphonie, die Taufe Jesu auf dem Taufbeckendeckel ein ergreifendes Andachtsbild *(Abb. S. 108)*.

Abb. oben: St. Ulrich, die Brunnenschale; rechts Blick in das Kircheninnere.

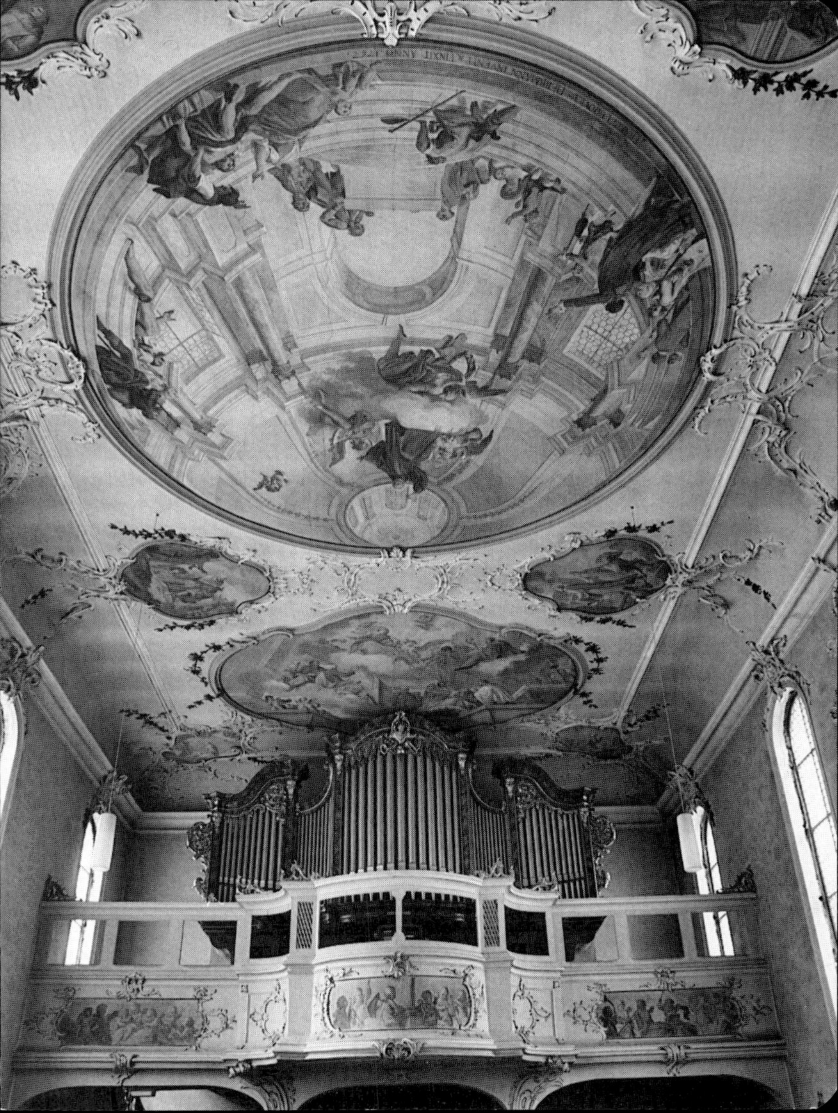

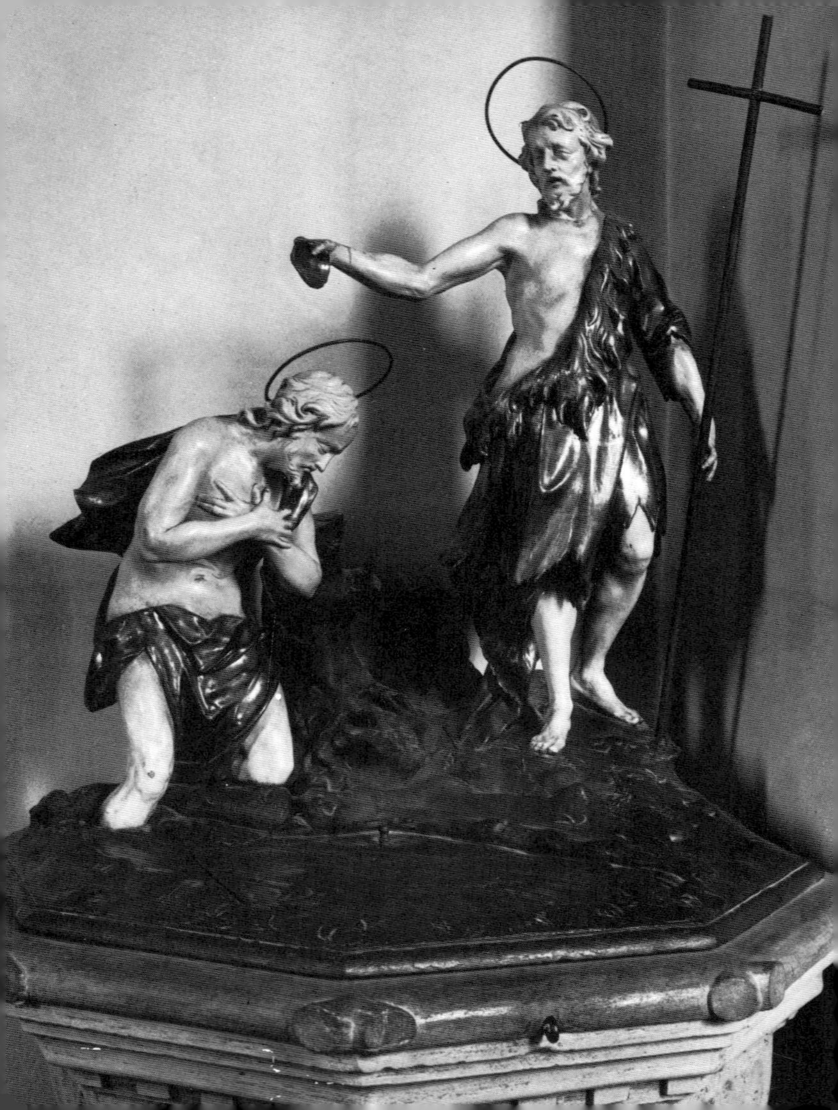

ken stellen Leben, Wirken und Verherrlichung des hl. Ulrich dar in pompösen Szenen, die aber mit der übrigen Ausstattung harmonieren. Nicht übersehen darf man eine gotische Steinmadonna, die aus der Freiburger Münsterwerkstatt stammen muß, so geschwisterlich ähnlich ist sie mit der inneren Portalmadonna (um 1310).

Fährt man von St. Ulrich talabwärts, kommt man in **Bollschweil** an dem Herrenhaus der Freiherrn von Holzing-Berstett vorbei. Für die Generation vor dem letzten Krieg war es das Domizil des berühmten Reiters und Grandseigneurs Max Freiherr von Holzing-Berstett (1867-1936). Er wurde bewundert wegen seiner Vielseitigkeit; nicht nur gebildet, war er ein musischer, mehr noch, ein künstlerischer Mensch. Damals noch ungewöhnlich aber sehr sympathisch war, daß „im Schloß" - so hieß es in Bollschweil - ein Denkmal für die treuen Pferde errichtet wurde. Von seiner glänzenden militärischen Laufbahn im Kaiserreich wußten nur die Älteren, aber es faszinierte, daß der „Baron" bis zuletzt in seinem Wald hochritt bis zum höchsten Punkt am Stutzkopf. Der Reitpfad ist längst zugewachsen, aber ein paar alte Grenzsteine stehen noch, auf der Bollschweiler Seite mit der freiherrlichen Krone und den Buchstaben H B. Durch die noch berühmtere Tochter Marie Luise Kaschnitz ist das Landgut in das Licht der Publizität geraten. Die Dichterin hat ihrem Heimatdorf, ihrem Elternhaus und vor allem dem geliebten Vater in ihrer Dichtung immer wieder Liebeserklärungen gemacht.

Auf dem rebenbewachsenen Hausberg von **Ehrenstetten** - Gemeinde Ehrenkirchen - ist bei der Ölbergkapelle ein wunderschöner Aussichtspunkt; der Blick geht von den bewaldeten Höhen des Schauinslands nach Süden zum Staufener Schloßberg, vor dem die Felder und Wiesen ein buntes Muster wirken; nach Westen zu verliert sich der Blick im Dunst der Rheinebene. Der Weg vom Dorf zur Kapelle ist mit Kreuzwegstationen aus Keramik geschmückt (aus der Hand des Vaters von Bischof Klaus Hemmerle). Die barocke Marienklage in der Kapelle *(Abb. S. 110)* - 1954 hierher gebracht - verdankt ihrer Größe, daß sie hier noch Andachtsbild sein kann. Sie war

Abb. links: St. Ulrich, der Taufbeckendeckel

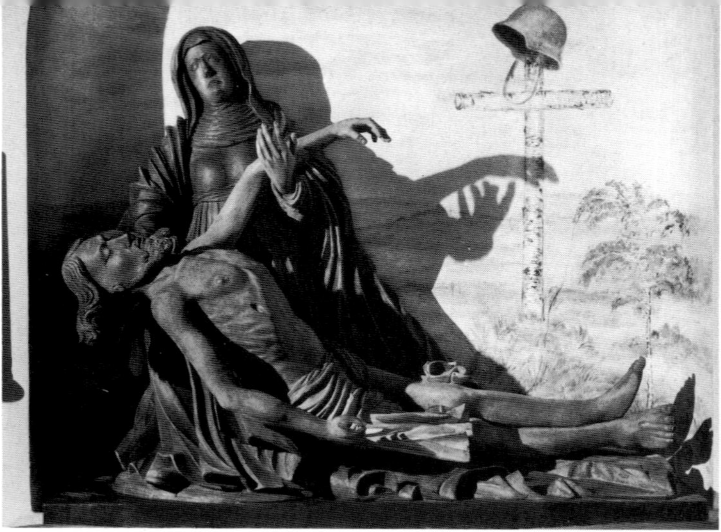

schon von Dieben abtransportiert, ein Abnehmer wurde wohl nicht gleich gefunden, so daß sie im Mooswald vergraben und wieder entdeckt wurde! Die moderne Schnitzfigur des Bruder Klaus wurde aus dessen Heimat Flüelen erworben.

Mit Ehrenstetten sind zwei Künstlernamen von europäischem Rang verbunden: Hans Holbein d.J. heiratete 22 jh. 1519 in Basel die 26 jh. Witwe Elisabeth geb. Bintzenstokh aus Ehrenstetten; er malte sie zuletzt 1529 mit den beiden Kindern (Basel, Kunstmuseum). – Der Freiburger Barockkünstler Christian Wenzinger (1710-93) ist in E. geboren; sein fürstliches Wohnhaus am Freiburger Münsterplatz zeugt von seiner Persönlichkeit, die wohltätige Stiftung für das Freiburger Spital von seinem Bürgersinn.

Kirchhofen – Gemeinde Ehrenkirchen – besitzt ein Schloß, das als die besterhaltene Wasserburg im Breisgau gilt *(Abb. rechts)*. Die jetzige Anlage stammt aus dem 16.Jh., sie wurde allerdings wie das ganze Dorf 1633 zerstört und danach wieder hergestellt. Berühmter Schloß-

Abb. oben: Die Marienklage in der Ölbergkapelle Ehrenstetten

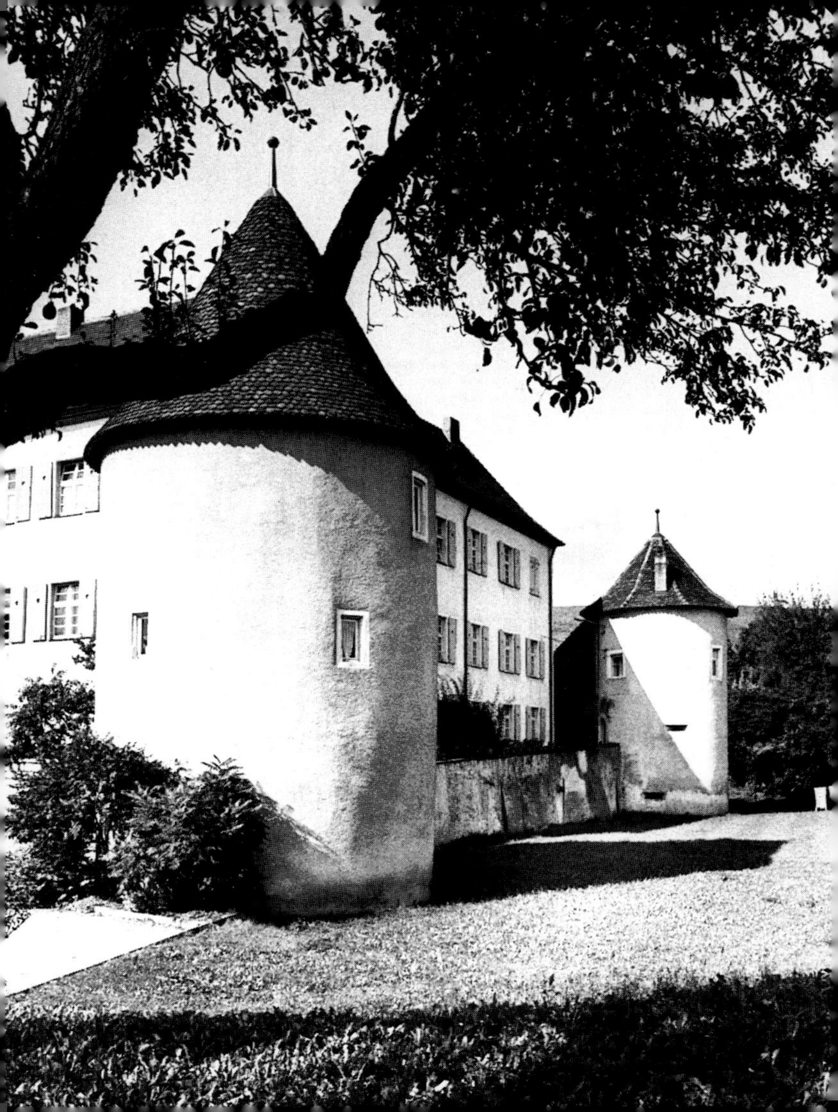

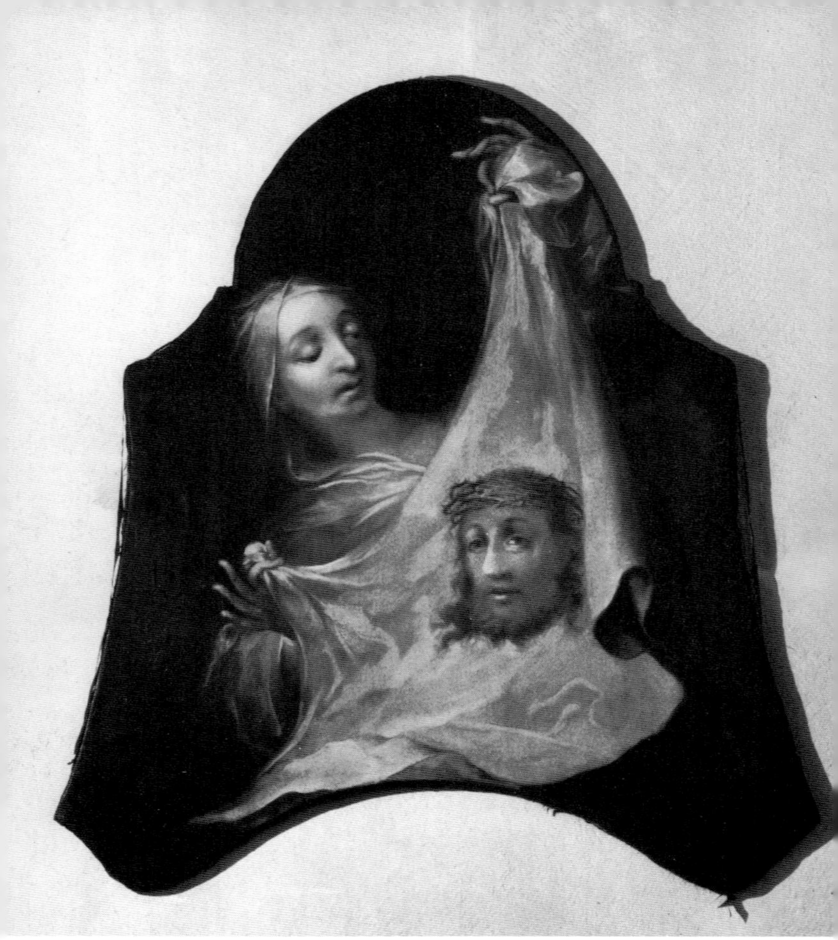

herr war von 1571 an Lazarus von Schwendi, Freiherr von Hohenlandsberg, der hier 1583 gestorben ist. 1570 war die Herrschaft Kirchhofen wieder an Österreich zurückgefallen, worauf der Kaiser sie an seinen treuen Rat und Feldherrn als Pfand übergab. Als Förderer des Rebbaues war Schwendi in allen seinen Landen (Burkheim, Elsaß) von Bedeutung, so daß ihm heute noch die Legende anhängt, die Tokayer Rebe aus Ungarn gebracht zu haben; in Wirklichkeit wurde der hiermit gemeinte Ruländer (Grauer Burgunder) zuerst in Speyer nachgewiesen.

Die stattliche Marienkirche des Dorfes erklärt sich aus einer schon im 14. Jh. entstandenen Wallfahrt – wohl weil in Kirchhofen die Mutterkirche für mehrere Dörfer stand. 1397 wird schon eine Wallfahrerbruderschaft „unser Frauen zu Kirchhofen" genannt. Der Unterbau des Turmes stammt aus romanischer Zeit. 1409 wurde die heutige Kirche mit Schiff und Chor begonnen, 1506 waren die Seitenschiffe im Bau durch die Bauleute der Freiburger Niesenberger-Werkstatt. Daß es für 6 Altäre Kaplaneien gab, ist ein Maßstab für den Pilgerzulauf. Das jetzige Gnadenbild stammt aus dem späten 15. Jh., ein Wunder, daß es den Zerstörungen im 30jährigen Krieg entging! Ab 1740 wurde der Raum barock ausgestattet. Das Basler Domstift sparte nicht an guten Künstlern, ihm oblag die Sorge für die Erhaltung der Kirche – und auch die kunstsinnigen Äbte von St. Blasien als neue Ortsherren beteiligten sich. So entstand einer der schönsten Rokokokirchenräume im Oberrheingebiet. Es ist selbstverständlich, daß Christian Wenzinger seiner Heimatgemeinde (Ehrenstetten und Kirchhofen gehörten zusammen) mit Rat und Tat zur Seite gestanden hat. Zur Wirkung viel beigetragen hat der Stukkator H. Georg Gigl, der auch im nahen St. Ulrich und in Krozingen gearbeitet hat und in berühmten Bauten wie St. Blasien, St. Peter, St. Gallen. Für den Chor wurde dann ab 1762 der berühmte Freiburger Fr. A. Vogel verpflichtet. Ebenbürtig sind die Deckengemälde mit dem Leben und der Verherrlichung Mariens vom Konstanzer Hofmaler Joh. Carl Stauder, der gleichzeitg für St. Trudpert arbeitete. Die teilweise erstrangigen Bildwerke wurden für Wenzinger selbst in Anspruch genommen; die Ausführenden waren aber seine Schüler Joseph Hör u. Fidelis Sporer. Die Altarblätter – wie die hl. Veronika *(Abb. links)* – stammen von Wenzingers Schüler Simon Göser.

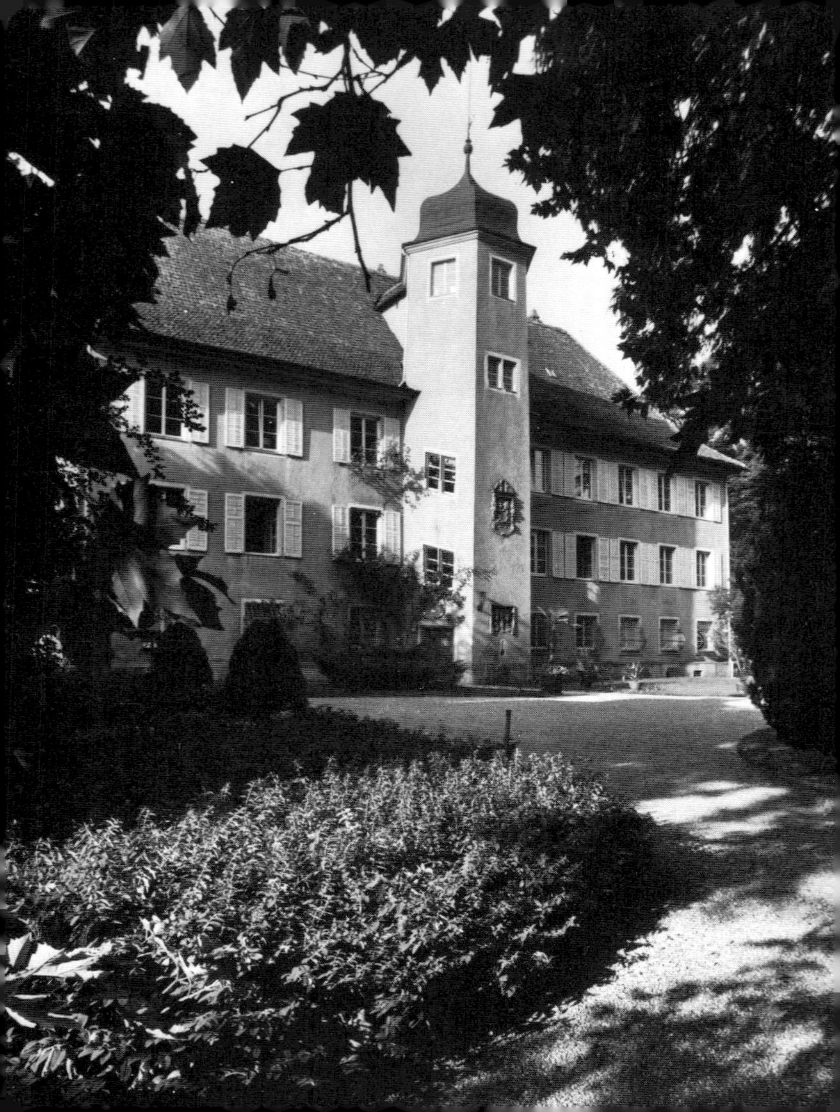

Bad Krozingen ist als Heilbad berühmt. Die sichtbaren Zeugen seiner Geschichte sind Beweis, daß auch schon vor 1911, als die Thermalquelle zu sprudeln anfing, das sehr alte Dorf Bedeutung hatte. Das Schloß, ehemals Propsteigebäude St. Blasiens, ist das repräsentativste Bauwerk *(Abb. links);* es wurde von Abt Kaspar II. – dessen Wappen am Treppenturm angebracht ist – 1579 erbaut, als die Zentralverwaltung für alle Klostergüter im Breisgau hierher verlegt wurde. 1748 wurde der Historiograph der Habsburger, Pater Marquardt Herrgott, zum Propst ernannt, nachdem er lange am Wiener Hof die Belange seines Klosters und der Breisgau-Stände vertreten und sich dabei die Ungnade von Maria Theresia zugezogen hatte. Er beauftragte J. C. Bagnato damit, seinen Alterssitz „gut und commod" einzurichten, zu modernisieren also; durch große, symmetrisch angeordnete Fenster und ein neues Dach wurde das Äußere „barockisiert", die Fest- und Wohnräume bekamen ein Rokokokleid mit zierlichem Stuck. Auch die 1605 erbaute Kapelle im Park wurde gleichzeitig umgestaltet und mit Bildern von Simon Göser ausgestattet, dessen Werke in vielen Kirchen der Gegend anzutreffen sind. So berühmt Pater M. Herrgott auch heute noch in Fachkreisen ist, die bedeutendste Tat für sein Kloster war, daß er seinem Abt die Fürstenwürde erlangte.

Im heutigen Schloßcafé sind noch Reste des früheren Schlößles der Freiherren von Pfirt erhalten, die ab 1661 die Ortsherren waren. – Auf der Hauptstraße fällt das Litschgi-Haus auf, das als stattlicher Renaissancebau (mit späterem Erker) von dem Reichtum der nach dem 30jährigen Krieg aus Savoyen eingewanderten Familie zeugt. Die Litschgi werden die Fugger des Breisgaus genannt; sie trieben nicht nur Handel mit Wein und Früchten, sie förderten auch Bergbau und Holzhandel, zu dessen Erleichterung sie Kanäle zum Rhein anlegten. An der St. Albankirche außen hinter einem schönen Gitter ist noch des Kaufmanns Johann Litschgi 1760 gestifteter Ölberg erhalten. In der Kirche lohnt sich ein Blick auf den reichen Rokokoaltar, der Gestalt gewordenes Jubilieren und Lobpreisen ist, wozu das Altarblatt mit der Himmelfahrt Mariens thematischen Inhalt bietet.

Für die Musikwelt eine besondere Anziehung hat die kostbare

Sammlung von Tasteninstrumenten im Schloß. Im Konzertsaal steht z.B. ein Cembalo nach Ruckers, Antwerpen (um 1620 gebaut), mit reicher flämischer Dekoration; außerdem ein Orgelpositiv, süddeutsch um 1730, mit wiederhergestellter originaler Fassung; blau marmoriert mit Blattgoldeinlagen. Der Künstler Fritz Neumeyer hat Berühmtheit erlangt, weil er Werke alter Musik mit den jeweils zeitgemäßen Instrumenten darbot, ehe es „Mode" wurde.

Die Glöcklehof-Kapelle an der Staufener Straße – eigentlich heißt sie St.-Ulrich-Kapelle – besitzt in ihren frühen Wandmalereien *(Abb. rechts)* einen besonderen Schatz, sind sie doch – wie manche annehmen – die ältesten nördlich der Alpen. Der unscheinbare Raum mit ursprünglich kleinen Fenstern (wie das zugemauerte östliche) und das Patronat des in St. Gallen ausgebildeten Grafen Ulrich, der 995 heiliggesprochen wurde, sprechen dafür, daß der Bau mit seinen Malereien an der Ostwand des Chores erst nach 995 errichtet wurde, und zwar von St. Trudpert aus als Taufkirche. Da der Aufbau des Klosters von St. Galler Mönchen geschah, ist der Zusammenhang einleuchtend, zumal auch die Verwandtschaft der Wandmalereien mit St. Galler Buchmalerei nicht zu übersehen ist. Das hat dazu geführt, die Malerei im 9.-10. Jh. anzusetzen. Auf jeden Fall ist die große Halbfigur des segnenden Christus in einem Kreis die älteste Monumentaldarstellung dieser Art nördlich der Alpen. Zu beiden Seiten von Christus sind Szenen vom Martyrium des Täufers; links hängt sein enthaupteter Körper gefesselt aus einem „Kerker", der Henker steckt das Schwert in die Scheide – darüber tragen Engel die Seele des Heiligen in den Himmel. Daneben steht Johannes „verklärt" als Fürbitter mit Nimbus und in geistlichem Gewand bei Christus. Auf der rechten Seite an festlicher Tafel – mit Tischtuch – ein gekröntes Paar, Herodes und Herodias, denen ein Diener das Haupt des Johannes auf einer Platte reicht. Eine spätgotische Taufe Christi – neben einem hl. Martin – spricht dafür, daß die Kapelle im ausgehenden Mittelalter noch im Bewußtsein der Bewohner eine Taufkirche war, als längst die Taufe in der Pfarrkirche St. Alban vorgenommen wurde. Gleichzeitig mit den Johannesbildern ist im Gewände des zugemauerten Ostfensters das Opfer von Kain und Abel mit der Hand Gottes dar-

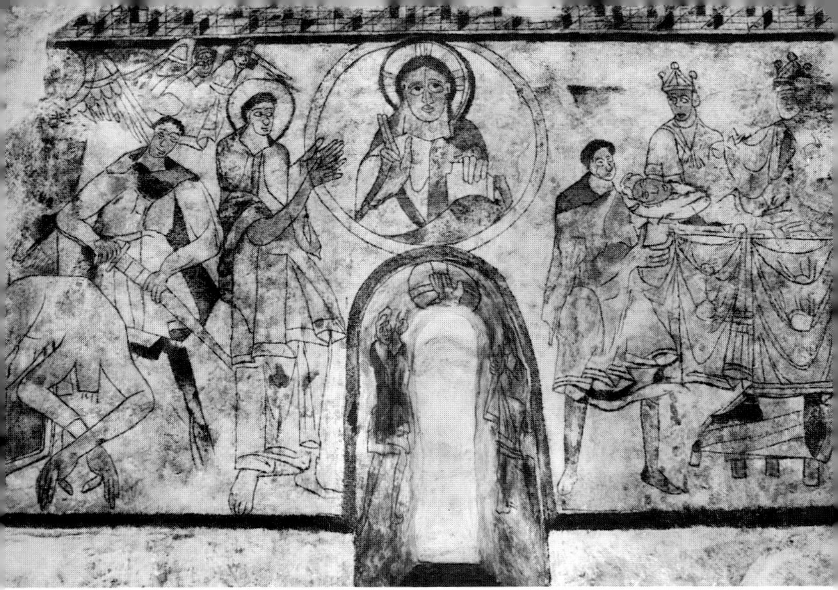

gestellt, so wie es bekannt ist von der Bernwardstüre in Hildesheim. Ob in jener frühen Zeit eine symbolische Beziehung zum Opfer des Vorläufers Christi besteht, oder ob noch mehr Szenen des Alten Bundes an den Wänden waren, läßt sich nicht entscheiden.

Biengen ist ein kleines Dorf westlich von Krozingen. Auf dem höchsten Punkt einer kleinen Anhöhe, vom Friedhof umgeben, ragt die Kirche über die Dächer. Wer da oben steht, hat einen herrlichen Blick über diesen „Garten Gottes", wie die Oberrheinlandschaft gerne genannt wird. An klaren Tagen geht die Sicht in die Schwarzwaldtäler, und im Westen türmen sich hinter dem Kaiserstuhl die Vogesen. Zu dem romantischen Ensemble um die Kirche gehört das Schlößchen mit behäbigen Barockdächern, einst Wohnsitz des volkstümlichen Freiherrn „Franzele" von Neveu. Der Kunstwanderer, der Freude an spätgotischer Plastik hat oder der Fachkundige, dem die Dangolsheimer Madonna oder der Nördlinger Altar Begriffe sind, wird der Kirche einen Besuch abstatten: nur wegen einer liebreizenden Magdalenenfigur, die zum Schönsten gehört, was am Oberrhein im 15. Jh. geschaffen wurde *(Abb. rechts)*. Der Vergleich mit der Dangolsheimerin oder mit Nördlingen ist nicht abwegig; man meint, der Bildschnitzer muß die Dangolsheimerin gekannt haben. Vielleicht war er in der Werkstatt des Dangolsheimer Meisters tätig? Wie kommt nun diese kostbare Figur in die Kirche dieses kleinen Dorfes? Es könnte sein, aus dem Besitz der Ortsherren von Pfirt, die im Elsaß beheimatet waren.

Der Besucher muß schonend darauf vorbereitet werden, daß er sich entsetzen wird, auf welche Weise die Magdalenenfigur beeinträchtigt wird: Sie wurde in einen modernen Altar „montiert", der ohnedies die hübsche Kirche verunstaltet.

Das Kageneck-Schloß in **Munzingen** *(Abb. S. 121)* ist das bedeutendste ländliche Herrschaftshaus am Oberrhein. Das anprechende Äußere, vornehm trotz reichen Schmuckes, spiegelt den gepflegten Lebensstil der Rokokozeit wieder. Ein selten gütiges Geschick, daß das Haus vom ersten Tag an bis heute im Besitz der gleichen Familie geblieben ist, mag viel dazu beitragen, daß trotz zahlreicher Verwüstungen im 3. Jh. das Schloß heute mit seinen fürstlichen Räumlichkeiten wie aus einem Guß erscheint. Erbaut wurde es 1672 – nach Zerstörung der Wasserburg im 30jh. Krieg (ein Turm davon steht noch) – durch Johann Friedr. Reichsfreiherr von Kageneck, den vorderösterreichischen Statthalter. Vielleicht wegen Beschädigungen bei der Belagerung Freiburgs 1744 im österreichischen Erbfolgekrieg hat schon nach 1745 der Enkel Joh. Friedr. Fridolin Reichsgraf von Kageneck aus dem Spätrenaissancebau ein Rokoko-Palais gemacht, dessen Architekt heute nicht mehr auszumachen ist. Am nächsten kommen Bauten des Basler Joh. Jak. Fechter, der auch in Freiburg und Ebnet gearbeitet hat. Das würde auch die im Breisgau fremden Stukkaturen der Fassadendekoration erklären. Die reiche Innenausstattung – die Hauskapelle ist von Franz Anton Vogel stukkiert, der Götterhimmel im Speisesaal 1767 von Simon Göser gemalt – läßt ahnen, welch einflußreiches Geschlecht die Kageneck waren. Auch die

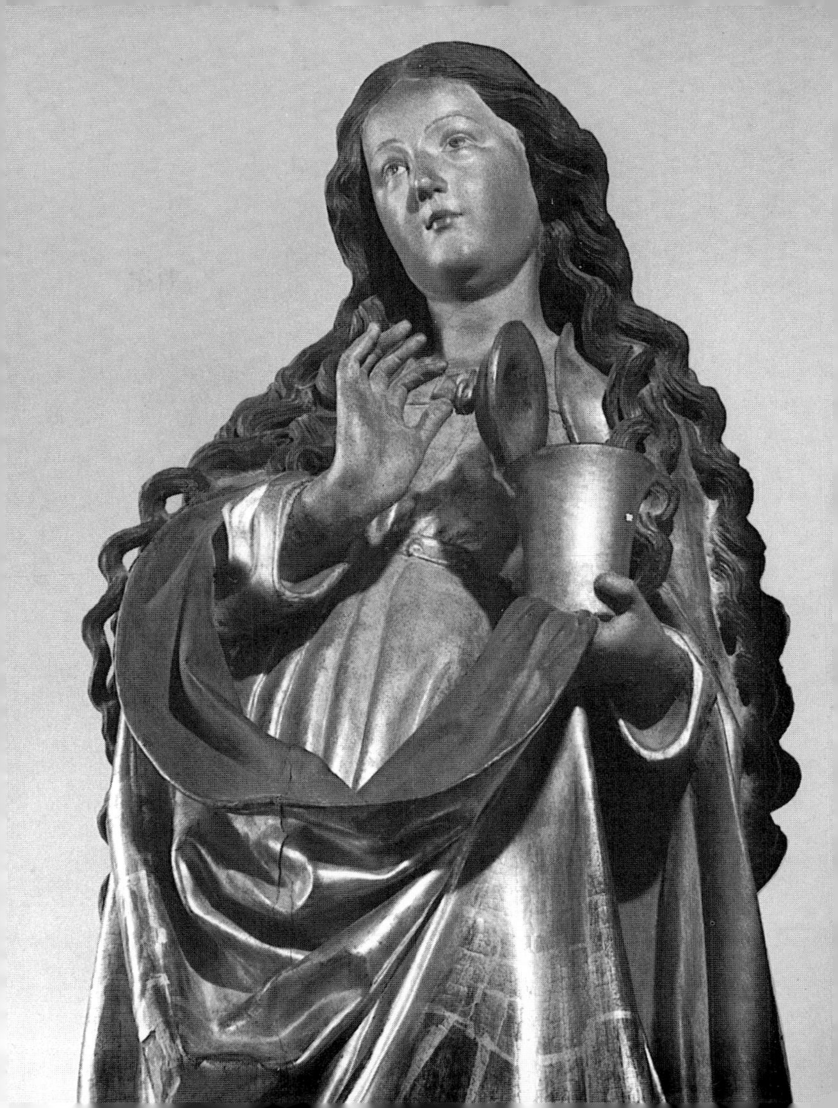

außerhalb lebenden Familienmitglieder haben zur Ausschmückung beigetragen – vor allem auch der Pfarrkirche, deren Patronatsherr der Munzinger Graf war. So kam vom Nachlaß des 1743 verstorbenen Landkomturs der Ballei Südtirol eine Madonna nach Carlo Dolci in die Hauskapelle; vom Eichstätter Domherrn Johann B. von Kageneck kam ein Madonnenbild von Simon Göser in die Kirche, und vom Eichstätter Weihbischof Heinrich Wendelin von Kageneck ein hl. Stephan für den Hochaltar. Das Schloß hat viele hohe Herrschaften

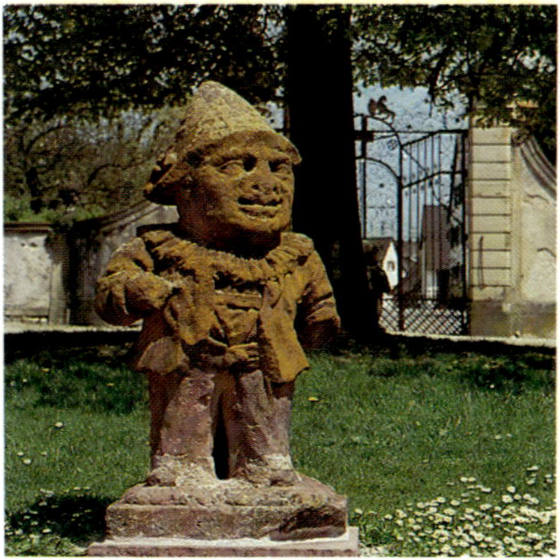

gesehen, der prominenteste „Gast" war Louis XV., der hier bei der Belagerung von Freiburg ein Quartier hatte und angeblich aus seinem Fenster mit dem Fernrohr die Kämpfe beobachten konnte. Ironie des Schicksals: Sein aus Paris antransportiertes Schlafzimmer hat die Fährnisse der napoleonischen Zeit überstanden, wurde sorgsam gehütet – und 1945 von den einziehenden französischen Soldaten zerstört.

Abb. rechts: Das Kageneck-Schloß in Munzingen

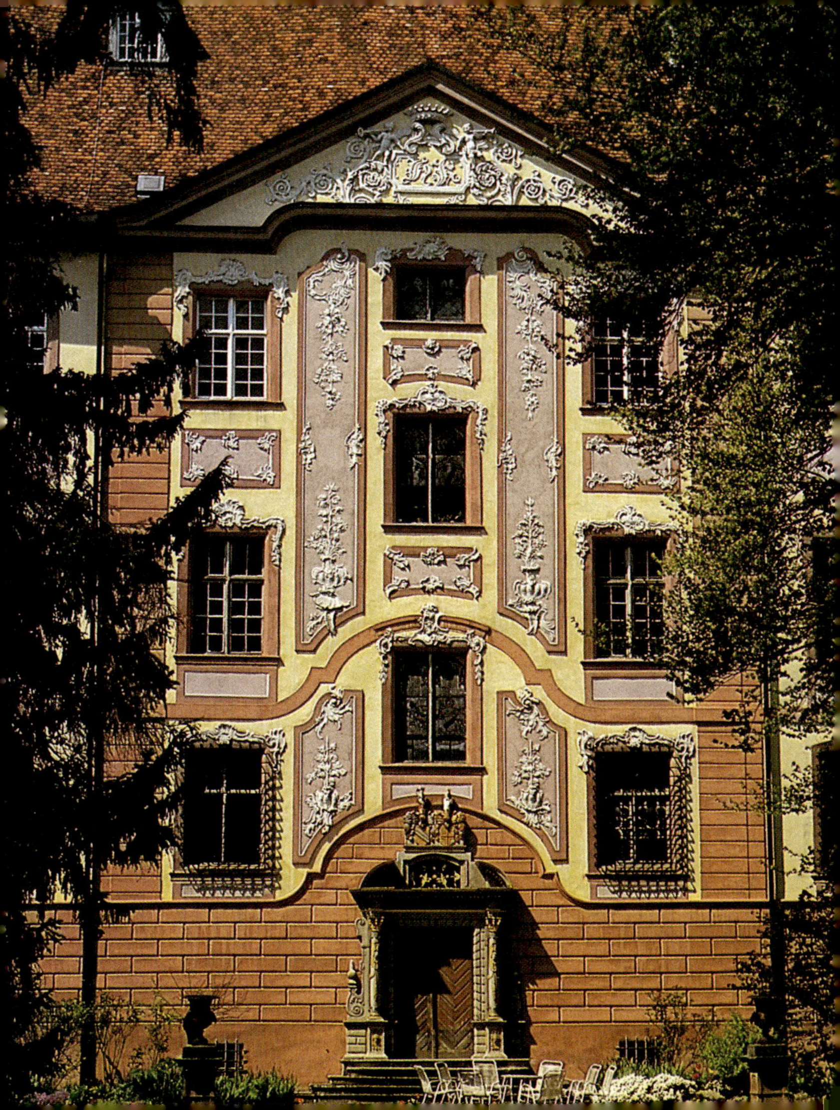

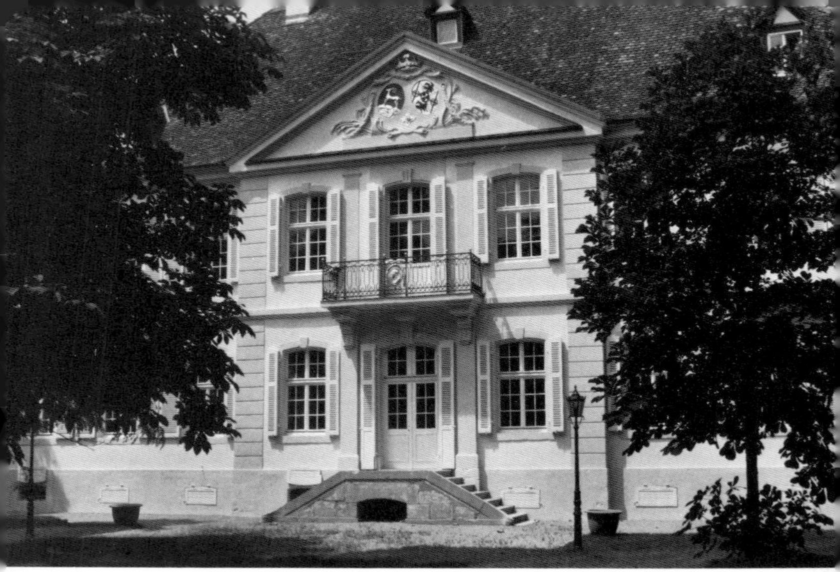

Das Schloß in **Oberrimsingen** *(Abb. oben)*, ebenfalls ein Land-Herrensitz hat in jüngster Zeit Schlagzeilen gemacht, da es nach Zeiten provisorischer Nutzung nun wieder in neuem Glanz einer, wie es scheint, endgültigen Bestimmung als Kulturzentrum übergeben werden konnte. Nachdem die Freiherren von Falkenstein seit 1621 die Ortsherrschaft inne hatten, hat Frh. Franz Anton Marquard von Falkenstein auf eigenem Gutshofgelände 1773 einen Landsitz erbaut, für den der berühmte Deutschordensbaudirektor F. A. Bagnato die Pläne lieferte und der vorderösterreichische Kameralbaumeister Kaspar Zengerle die Ausführung übernahm. Es ist ein in seiner Zeit moderner klassizistischer Bau mit sparsamem Ornament im Louis-XVI.-Stil. Interessant ist, daß die Giebeldekoration mit den Wappen des Bauherrn und seiner Gemahlin Franziska Antonia Gräfin Schauenburg diejenige am Sickingen-Palais in Freiburg kopiert, das als Werk des Franzosen Pierre Michel d'Ixnard für nachahmenswert galt. Es wurde sogar der gleiche Bildhauer verpflichtet, der die Giebeldekoration am Sickingen-Palais gemacht hatte, Joseph Hör.

Breisach – obwohl außerhalb des Markgräflerlandes gelegen – wird erwähnt, weil dieser Fleck Erde durch das Zusammenwirken von Natur und Menschenhand für jeden zu einem einmaligen Erlebnis wird; und in der Geschichte dieser Stadt wird das Schicksal der Landschaft am Oberrhein sichtbar. Menschliche Siedlung ist seit 1000 v.Chr. auf dieser natürlichen Festung nachzuweisen, die einst vom Rhein umspült war. Die Römer haben auf dem Berg anscheinend erst ein Kastell errichtet, als sie um 260 von den Alamannen bis zum Rhein zurückgedrängt wurden. Schon nach 140 Jahren verließen sie Breisach, dem Druck der Alamannen nachgebend. 744 scheint Breisach aus alamannischem Besitz in fränkischen übergegangen zu sein und wurde dem Bischof von Metz unterstellt – woher das Stephanspatrozinium rührt. 1002 wurde der Basler Bischof von Heinrich II. mit dem Burgberg belehnt und 1185 wird der Staufer Heinrich VI. laut Vertrag neben dem Basler Bischof Herr auf dem Breisacher Berg; offensichtlich sollte ein Gegengewicht gegen die mächtigen Zähringer geschaffen werden. Aber schon 1198 anläßlich der Doppelwahl mußten die Staufer den Berg den Zähringern überlassen. Berthold V. baute am Nordende des Berges eine Burg und in der Mitte zwischen Münster und Burg den berühmten Radbrunnen mit einem über 40 m tiefen Schacht. Das Stadtrecht stammt wahrscheinlich aus jener Zeit. Große Freiheiten und Rechte hatten die Bürger schon, als die Stadt unter Rudolf von Habsburg Reichsstadt wurde. Nun begann der Aufstieg der Stadt, in der Handel und Handwerk florierten mit einem kleinen Intermezzo burgundischer Herrschaft, die 1474 mit der Enthauptung des Landvogtes P. Hagenbach endete. Kaiser Maximilian begann, aus Breisach eine Festung zu machen, was zum Schicksal wurde. 1648 französisch geworden, wurden nun die Befestigungen nach Osten gerichtet. Zum Empfang Ludwigs XIV. wurde ein triumphales Rheintor gebaut. Als die Österreicher 1697 wieder die Herren waren, baute Vauban linksrheinisch das Fort Neubreisach. Der einstige Wohlstand kehrte nicht mehr zurück. Nach dem Abzug der Garnison unter Maria Theresia war Breisach zu einem Landstädtchen geworden, das dann schutzlos den Revolutionsheeren preisgegeben war und 1793 in Schutt und Asche fiel.

In der untergehenden Sonne erscheint die Silhouette des Breisacher Münsterberges schön wie einst *(Abb. oben)*. Die Zerstörungen des letzten Krieges sind beseitigt, mit größter Sorgfalt sind die historischen Bauten wiederhergestellt. Das wieder erstandene Münster sitzt wie eine Krone auf dem Berg. Der jetzige Bau wurde unter dem letzten Zähringer begonnen; Langhaus, Querschiff und der nördliche Turm stammen aus jener Zeit. Im 14. Jh. sollte das Langhaus in eine dreischiffige Halle verwandelt werden, aber erst im 15. Jh. kam wenigstens eine Erweiterung im Westen zustande. Es birgt die berühmten Fresken von Martin Schongauer (1478-91). In einem wahrhaft monumentalen Gemälde ist das Weltgericht zum ergreifenden Drama geworden; was wir bisher im Markgräflerland gesehen haben, war daneben Puppenspiel. – Nördlich vom Münster ist in der Pflasterung des Platzes der Verlauf der römischen Kastellmauern markiert.

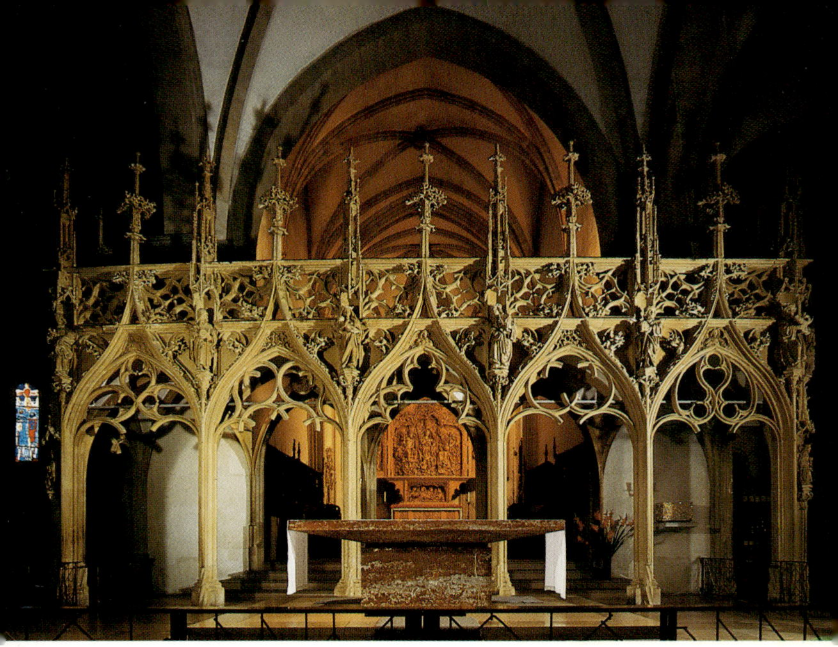

Der Bürgerstolz der wohlhabenden Stadt schuf im ausgehenden Mittelalter bleibende Werte für seine Kirche: Der Lettner *(Abb. oben)* ist besonders reich an Ornament und Skulpturen. In seinen Bogenstellungen standen einst Altäre. Er ist einer der wenigen, die noch am ursprünglichen Platz stehen - eigentlich gegen den Willen und die Belange einer heutigen Gemeinde. Im Chor steht der berühmte Altar, der zu den großen Werken der Bildschnitzerei nördlich der Alpen gehört. Der eigenwillige Meister H L, der in jünster Zeit für identisch mit Hans Loi gehalten wird, hat das Werk 1523-26 geschaffen. Schon vor unserer Zeit muß die Bewunderung groß gewesen sein, sonst hätte sich nicht die Mär um das Sprengwerk gerankt, das unter dem Gewölbe sich nach vorn neigt; danach hat der Meister seine Tochter demjenigen Gesellen gegeben, der imstande war, das Gesprenge höher zu schnitzen, als der Chor war.

Ortsverzeichnis

Dieser Kunstführer durch das Markgräflerland führt den Besucher und Kunstinteressierten von J. P. Hebels Geburtsstätte in Hausen im Wiesental nach Norden. Zum eiligen Nachschlagen ist dieses alphabetische Ortsverzeichnis angefügt. Die im Text und in der Bildsammlung erschienenen Orte werden – wenn sie heute verwaltungsrechtlich nicht mehr selbstständig sind – sowohl unter ihrem traditionellen Namen als auch unter dem Namen ihrer politischen Gemeinde aufgeführt. *(Kursive Seitenzahl = Bild).*

CIP-Kurztitelaufnahme der Deutschen Bibliothek

Geiges, Leif:

Kunstführer Markgräflerland /
Fotogr. Leif Geiges. Text: Annemarie
Heimann-Schwarzweber. - 1. Aufl. - Mannheim:
Verlagsbüro v[on] Brandt, 1986.
ISBN 3-926260-00-9

NE: Heimann-Schwarzweber, Annemarie:

1. Auflage. Mit 103 Abbildungen und einer Faltkarte

Typographie und Gestaltung: Leif Geiges + Karl Friedrich v. Brandt
Satz und Montage: Typostudio Krill, Mannheim
Reproduktionen: Becker Repro, Karlsruhe
Gesamtherstellung: Druckhaus Beltz, Hemsbach
Printed in Germany